제대로 배우는
기초영어

제대로 배우는 기초영어

—

발행 2022년 3월 5일 1판 1쇄
발행 2024년 3월 5일 1판 2쇄

지은이 오영주
펴낸이 강찬석
펴낸곳 도서출판 나노미디어
주소 (07315) 서울시 영등포구 도신로51길 4
전화 02-703-7507
팩스 02-703-7508
등록 제313-2007-000133호
홈페이지 www.misewoom.com

정가 20,000원

—

ISBN 978-89-89292-66-1   13740

BASIC ENGLISH
& PRE TOEIC

제대로 배우는
기초영어

오영주 지음

Nano 나노
Media 미디어

"The today that you wasted is the tomorrow that a dying person wished to live."

"당신이 낭비한 오늘은 어제 죽은 이가 간절히 바라던 내일이다."

– 하버드 대학 도서관 명언 중

for my precious children
hyunwoo & dohyeong

　기초 단계 영어는 흥미로우면서 쏙쏙 패턴이 암기되어야 하고, 지루하지 않도록 재미있는 꺼리들을 많이 제공해야 합니다. 또한, 사이드로 독해, 속담 등 다양한 콘텐츠를 담아내어 강의시간에 집중할 수 있도록 해야 합니다. 그러나 시중의 교재는 많은 양을 담다 보니, 너무 호흡이 길고 지루하며 연습할 공간이 없어서 복습이 잘 안 되는 점이 단점이었습니다. 그러다 보니 보통 하나의 교재를 사용해도 다른 부교재를 사용하는 경우가 많았습니다.

　이 책은 각 챕터마다 빈칸 넣기를 통해 강의 중 집중할 수 있는 꺼리를 제공했고, 다음 단계로 전체 문장을 써 봄으로써 한 번 더 자기 것으로 소화할 수 있도록 설계하였습니다. 지시사항과 교재 구성은 군더더기 없이 깔끔하게 표현하여 공부하는 학생들의 피로도는 낮추고 집중력은 올리도록 하였습니다. 독해 지문은 학생들에게 용기와 희망을 주는 내용을 선택했습니다. 독해 지문 강의 중 필요하다면 인터넷 매체를 활용해도 좋습니다. 한 번에 한 주제를 전부 끝낼 필요는 없으며, 만약 한 주제에 식상하다면 바로 다른 주제로 학습할 수 있습니다. 이 책은 본 책과 워크북을 동시에 담고 있어 별도의 부교재가 필요하지 않도록 구성하였습니다.

이 책은 혼자 공부를 하든지, 강의 교재로 사용하든지 효율적으로 학습할 수 있습니다.

본문 중 삽입된 메모는 강의 중 퀴즈를 내거나 Visual Thinking ('시각적 사고'라는 의미로, 배운 내용을 그림으로 그려 보기) 용도 등으로 다양하게 활용할 수 있습니다.

한 권의 책이 세상에 나오기까지 주위에 많은 애정과 헌신이 필요합니다. '제대로 만들고, 제대로 배우자'라는 의미에서《제대로 배우는 기초영어》가 출간하기까지 수고해 주신 출판사 사장님과 편집장님께 감사합니다. 사랑하는 아이들 현우와 도형이에게 고마운 마음을 표현합니다. 어떻게 살아야 하는지를 긍정과 열정으로 보여준 강형숙, 이정란 선생님을 따뜻한 마음으로 기억합니다.

이 책으로 영어를 배우는 모든 이들에게 평안하고 좋은 일들만 가득하시기를 기원합니다.

강의와 학생들과 자신에게 언제나 진심인
저자 오영주

차 례

쏙쏙 패턴 잉글리시 **A**

짝과 번갈아가며 영어와 우리말로 묻고 답하도록 지도하세요.

gonna = going to + 동사원형

1. I'm gonna + 동사원형
   나는 ~할 거야

2. Are you gonna + 동사원형?
   너는 ~할 거니?

3. I'm gonna have to + 동사원형
   나는 ~해야 할 거야

4. You're gonna wanna + 동사원형
   너는 ~하고 싶을 거야(하는 것이 좋을 거야)

MEMO

I'm gonna + 동사원형
나는 ~할 거야

step 1. Read it out loud.

1 나는 영어를 공부할 거야.
   I'm gonna study English.

2 나는 음악을 들을 거야.
   I'm gonna listen to music.

3 나는 그녀와 결혼할 거야.
   I'm gonna marry her.

4 나는 담배를 끊을 거야.
   I'm gonna stop smoking

5 나는 점심을 먹을 거야.
   I'm gonna have lunch.

A

step 2. Fill in the blanks.

1 나는 영어를 공부할 거야.

　　　　　　　　　　　　　　study English.

2 나는 음악을 들을 거야.

　　　　　　　　　　　　　listen to music.

3 나는 그녀와 결혼할 거야.

　　　　　　　　　　　　　　marry her.

4 나는 담배를 끊을 거야.

　　　　　　　　　　　　　stop smoking.

5 나는 점심을 먹을 거야.

　　　　　　　　　　　　　　have lunch.

step 3. Fill in the blanks.

1 나는 영어를 공부할 거야.

　　　　　　　　　　　　　　　　　.

2 나는 음악을 들을 거야.

　　　　　　　　　　　　　　　　　.

3 나는 그녀와 결혼할 거야.

　　　　　　　　　　　　　　　　　.

4 나는 담배를 끊을 거야.

　　　　　　　　　　　　　　　　　.

5 나는 점심을 먹을 거야.

　　　　　　　　　　　　　　　　　.

Are you gonna + 동사원형?
너는 ~할 거니?

step 1. Read it out loud.

1 너는 영어를 공부할 거니?
Are you gonna study English?

2 너는 음악을 들을 거니?
Are you gonna listen to music?

3 너는 그녀와 결혼할 거니?
Are you gonna marry her?

4 너는 담배를 끓을 거니?
Are you gonna stop smoking?

5 너는 점심을 먹을 거니?
Are you gonna have lunch?

step 2. Fill in the blanks.

1 너는 영어를 공부할 거니?

Are you gonna   English?

2 너는 음악을 들을 거니?

Are you gonna   music?

3 너는 그녀와 결혼할 거니?

Are you gonna   her?

4 너는 담배를 끊을 거니?

Are you gonna   smoking?

5 너는 점심을 먹을 거니?

Are you gonna   lunch?

step 3. Fill in the blanks.

1 너는 영어를 공부할 거니?

                                             ?

2 너는 음악을 들을 거니?

                                             ?

3 너는 그녀와 결혼할 거니?

                                             ?

4 너는 담배를 끊을 거니?

                                             ?

5 너는 점심을 먹을 거니?

                                             ?

A

I'm gonna have to + 동사원형
나는 ~해야 할 거야

step 1. Read it out loud.

1 나는 커피 한 잔을 마셔야 할 거야.
I'm gonna have to get some coffee.

2 나는 밤을 새야 할 거야.
I'm gonna have to stay up all night.

3 나는 새것을 사야 할 거야.
I'm gonna have to buy new one.

4 나는 엄마한테 물어봐야 할 거야.
I'm gonna have to ask my mom.

5 나는 다이어트를 해야 할 거야.
I'm gonna have to go on a diet.

A

step 2. Fill in the blanks.

1 나는 커피 한 잔을 마셔야 할 거야.
I'm ＿＿＿＿＿＿＿＿＿＿＿＿＿ get some coffee.

2 나는 밤을 새야 할 거야.
I'm ＿＿＿＿＿＿＿＿＿＿＿＿＿ stay up all night.

3 나는 새것을 사야 할 거야.
I'm ＿＿＿＿＿＿＿＿＿＿＿＿＿ buy new one.

4 나는 엄마한테 물어봐야 할 거야.
I'm ＿＿＿＿＿＿＿＿＿＿＿＿＿ ask my mom.

5 나는 다이어트를 해야 할 거야.
I'm ＿＿＿＿＿＿＿＿＿＿＿＿＿ go on a diet.

step 3. Fill in the blanks.

1 나는 커피 한 잔을 마셔야 할 거야.
＿＿＿＿＿＿＿＿＿＿＿＿＿＿＿＿＿.

2 나는 밤을 새야 할 거야.
＿＿＿＿＿＿＿＿＿＿＿＿＿＿＿＿＿.

3 나는 새것을 사야 할 거야.
＿＿＿＿＿＿＿＿＿＿＿＿＿＿＿＿＿.

4 나는 엄마한테 물어봐야 할 거야.
＿＿＿＿＿＿＿＿＿＿＿＿＿＿＿＿＿.

5 나는 다이어트를 해야 할 거야.
＿＿＿＿＿＿＿＿＿＿＿＿＿＿＿＿＿.

A

4
You're gonna wanna + 동사원형
너는 ~하고 싶을 거야(하는 것이 좋을 거야)

step 1. Read it out loud.

1 너는 이것을 맛보고 싶을 거야.
You're gonna wanna try this.

2 너는 이것을 듣고 싶을 거야.
You're gonna wanna listen this.

3 너는 산책을 하고 싶을 거야.
You're gonna wanna go for a walk.

4 너는 이것을 먹는 것이 좋을 거야.
You're gonna wanna eat this.

5 너는 나한테 전화하고 싶을 거야(가능한 빨리).
You're gonna wanna call me ASAP*.

....

* ASAP(as soon as possible) 가능한 빨리라는 의미이고, '에이셉'이라고 읽는다.

A

step 2. Fill in the blanks.

1 너는 이것을 맛보고 싶을 거야.
You're _____ try this.

2 너는 이것을 듣고 싶을 거야.
You're _____ listen this.

3 너는 산책을 하고 싶을 거야.
You're _____ go for a walk.

4 너는 이것을 먹는 것이 좋을 거야.
You're _____ eat this.

5 너는 나한테 전화하고 싶을 거야(가능한 빨리).
You're _____ call me ASAP.

step 3. Fill in the blanks.

1 너는 이것을 맛보고 싶을 거야.
_____ .

2 너는 이것을 듣고 싶을 거야.
_____ .

3 너는 산책을 하고 싶을 거야.
_____ .

4 너는 이것을 먹는 것이 좋을 거야.
_____ .

5 너는 나한테 전화하고 싶을 거야(가능한 빨리).
_____ .

MEMO.

2강

wanna = want to + 동사원형

1. I wanna + 동사원형
   나는 ~하기를 원해

2. I wanna + 동사원형(확장 패턴)
   나는 ~하기를 원해

3. I don't wanna + 동사원형
   나는 ~하고 싶지 않아

4. I don't wanna + 동사원형(확장 패턴 1)
   나는 ~하고 싶지 않아

5. I don't wanna + 동사원형(확장 패턴 2)
   나는 ~하고 싶지 않아

6. You want me to + 동사원형
   너는 내가 ~하기를 원해

7. You want me to + 동사원형(확장 패턴 1)
   너는 내가 ~하기를 원해

8. You want me to + 동사원형?(확장 패턴 2)
   너는 내가 ~하기를 원하니?

9. Do you want me to + 동사원형?(확장 패턴 3)
   너는 내가 ~하기를 원하니?

10. Do you want me to + 동사원형?(확장 패턴 4)
    너는 내가 ~하기를 원하니?

11. Does she want me to + 동사원형?(확장 패턴 5)
    그녀는 ~하기를 원하니?

12. I just want to + 동사원형
    나는 단지 ~하기를 원해

I wanna* + 동사원형
나는 ~하기를 원해

step 1. Read it out loud.

1　나는 물을 마시길 원해.
　I wanna drink water.

2　나는 커피를 마시길 원해.
　I wanna drink coffee.

3　나는 떡을 먹기를 원해.
　I wanna eat Tteok**.

4　나는 떡볶이를 먹기를 원해.
　I wanna eat Tteokbokki.

5　나는 빈대떡을 먹기를 원해.
　I wanna eat Bindaetteok.

....

* 　 want to 발음은 wanna로 발음한다.
** 우리나라의 고유한 단어는 그대로 사용한다. 예, 막걸리, 떡볶이, 빈대떡 ….

step 2. Fill in the blanks.

1 나는 물을 마시길 원해.
I   drink water.

2 나는 커피를 마시길 원해.
I   drink coffee.

3 나는 떡을 먹기를 원해.
I   eat Tteok.

4 나는 떡볶이를 먹기를 원해.
I   eat Tteokbokki.

5 나는 빈대떡을 먹기를 원해.
I   eat Bindaetteok.

step 3. Fill in the blanks.

1 나는 물을 마시길 원해.

                                                        .

2 나는 커피를 마시길 원해.

                                                        .

3 나는 떡을 먹기를 원해.

                                                        .

4 나는 떡볶이를 먹기를 원해.

                                                        .

5 나는 빈대떡을 먹기를 원해.

                                                        .

2 I wanna + 동사원형(확장 패턴)
나는 ~하기를 원해

A

step 1. Read it out loud.

1 나는 물 한 잔을 마시고 싶어.
I wanna drink a glass of water.

2 나는 커피 두 잔을 마시고 싶어.
I wanna drink two cups of coffee.

3 나는 떡 한 접시를 먹고 싶어.
I wanna eat a plate of Tteok.

4 나는 떡볶이 한 그릇을 먹고 싶어.
I wanna eat a plate of Tteokbokki.

5 나는 빈대떡 세 장을 먹고 싶어.
I wanna eat three sheets of Bindaetteok.

step 2. Fill in the blanks.

1 나는 물 한 잔을 마시고 싶어.
I wanna drink   .

2 나는 커피 두 잔을 마시고 싶어.
I wanna drink   .

3 나는 떡 한 접시를 먹고 싶어.
I wanna eat   .

4 나는 떡볶이 한 그릇을 먹고 싶어.
I wanna eat   .

5 나는 빈대떡 세 장을 먹고 싶어.
I wanna eat   .

step 3. Fill in the blanks.

1 나는 물 한 잔을 마시고 싶어.

.

2 나는 커피 두 잔을 마시고 싶어.

.

3 나는 떡 한 접시를 먹고 싶어.

.

4 나는 떡볶이 한 그릇을 먹고 싶어.

.

5 나는 빈대떡 세 장을 먹고 싶어.

.

I don't wanna + 동사원형
나는 ~하고 싶지 않아

step 1. Read it out loud.

1 나는 물을 마시고 싶지 않아.
   I don't wanna drink water.

2 나는 커피를 마시고 싶지 않아.
   I don't wanna drink coffee.

3 나는 떡을 먹고 싶지 않아.
   I don't wanna eat Tteok.

4 나는 떡볶이를 먹고 싶지 않아.
   I don't wanna eat Tteokbokki.

5 나는 빈대떡을 먹고 싶지 않아.
   I don't wanna eat Bindaetteok.

step 2. Fill in the blanks.

1 나는 물을 마시고 싶지 않아.

                                    drink water.

2 나는 커피를 마시고 싶지 않아.

                                    drink coffee.

3 나는 떡을 먹고 싶지 않아.

                                    eat Tteok.

4 나는 떡볶이를 먹고 싶지 않아.

                                    eat Tteokbokki.

5 나는 빈대떡을 먹고 싶지 않아.

                                    eat Bindaetteok.

step 3. Fill in the blanks.

1 나는 물을 마시고 싶지 않아.

2 나는 커피를 마시고 싶지 않아.

3 나는 떡을 먹고 싶지 않아.

4 나는 떡볶이를 먹고 싶지 않아.

5 나는 빈대떡을 먹고 싶지 않아.

4 I don't wanna + 동사원형(확장 패턴 1)
나는 ~하고 싶지 않아

A

step 1. Read it out loud.

1 나는 이 방안에서 물을 마시고 싶지 않아.
I don't wanna drink water in this room.

2 나는 그 방안에서 커피를 마시고 싶지 않아.
I don't wanna drink coffee in that room.

3 나는 이 사무실에서 떡을 먹고 싶지 않아.
I don't wanna eat Tteok in this office.

4 나는 그 카페 안에서 떡볶이를 먹고 싶지 않아.
I don't wanna eat Tteokbokki in that cafe.

5 나는 3층에서는 빈대떡을 먹고 싶지 않아.
I don't wanna eat Bindaetteok on the third floor.

step 2. Fill in the blanks.

1 나는 이 방안에서 물을 마시고 싶지 않아.

I don't wanna drink water   .

2 나는 그 방안에서 커피를 마시고 싶지 않아.

I don't wanna drink coffee   .

3 나는 이 사무실에서 떡을 먹고 싶지 않아.

I don't wanna eat Tteok   .

4 나는 그 카페 안에서 떡볶이를 먹고 싶지 않아.

I don't wanna eat Tteokbokki   .

5 나는 3층에서는 빈대떡을 먹고 싶지 않아.

I don't wanna eat Bindaetteok   .

step 3. Fill in the blanks.

1 나는 이 방안에서 물을 마시고 싶지 않아.

.

2 나는 그 방안에서 커피를 마시고 싶지 않아.

.

3 나는 이 사무실에서 떡을 먹고 싶지 않아.

.

4 나는 그 카페 안에서 떡볶이를 먹고 싶지 않아.

.

5 나는 3층에서는 빈대떡을 먹고 싶지 않아.

.

A

5 I don't wanna + 동사원형(확장 패턴 2)
나는 ~하고 싶지 않아

step 1. Read it out loud.

1   나는 너와 함께 물을 마시고 싶지 않아.
    I don't wanna drink water with you.

2   나는 그와 함께 커피를 마시고 싶지 않아.
    I don't wanna drink coffee with him.

3   나는 그녀와 함께 떡을 먹고 싶지 않아.
    I don't wanna eat Tteok with her.

4   나는 그 아이들과 떡볶이를 먹고 싶지 않아.
    I don't wanna eat Tteokbokki with the children.

5   나는 그 나쁜 녀석과 빈대떡을 먹고 싶지 않아.
    I don't wanna eat Bindaetteok with the bad guy.

step 2. Fill in the blanks.

1 나는 너와 함께 물을 마시고 싶지 않아.
I don't wanna drink water   .

2 나는 그와 함께 커피를 마시고 싶지 않아.
I don't wanna drink coffee   .

3 나는 그녀와 함께 떡을 먹고 싶지 않아.
I don't wanna eat Tteok   .

4 나는 그 아이들과 떡볶이를 먹고 싶지 않아.
I don't wanna eat Tteokbokki   .

5 나는 그 나쁜 녀석과 빈대떡을 먹고 싶지 않아.
I don't wanna eat Bindaetteok   .

step 3. Fill in the blanks.

1 나는 너와 함께 물을 마시고 싶지 않아.

                                             .

2 나는 그와 함께 커피를 마시고 싶지 않아.

                                             .

3 나는 그녀와 함께 떡을 먹고 싶지 않아.

                                             .

4 나는 그 아이들과 떡볶이를 먹고 싶지 않아.

                                             .

5 나는 그 나쁜 녀석과 빈대떡을 먹고 싶지 않아.

                                             .

You want me to + 동사원형
너는 내가 ~하기를 원해

step 1. Read it out loud.

1 너는 내가 함께 있기를 원해.
   You want me to stay.

2 너는 내가 말하기를 원해.
   You want me to say.

3 너는 내가 먹기를 원해.
   You want me to eat.

4 너는 내가 마시기를 원해.
   You want me to drink.

5 너는 내가 떠나기를 원해.
   You want me to leave.

....

1, 2, 3, 4는 비문임.

A

step 2. Fill in the blanks.

1 너는 내가 함께 있기를 원해.
You want me to .

2 너는 내가 말하기를 원해.
You want me to .

3 너는 내가 먹기를 원해.
You want me to .

4 너는 내가 마시기를 원해.
You want me to .

5 너는 내가 떠나기를 원해.
You want me to .

step 3. Fill in the blanks.

1 너는 내가 함께 있기를 원해.

.

2 너는 내가 말하기를 원해.

.

3 너는 내가 먹기를 원해.

.

4 너는 내가 마시기를 원해.

.

5 너는 내가 떠나기를 원해.

.

A

7
You want me to + 동사원형(확장 패턴 1)
너는 내가 ~하기를 원해

step 1. Read it out loud.

1 너는 내가 그녀와 함께 있기를 원해.
   You want me to stay with her.

2 너는 내가 무엇인가를 말하기를 원해.
   You want me to say something.

3 너는 내가 뭔가 먹기를 원해.
   You want me to eat something.

4 너는 내가 뭔가 마시기를 원해.
   You want me to drink something.

5 너는 내가 어딘가로 떠나기를 원해.
   You want me to leave somewhere.

step 2. Fill in the blanks.

1 너는 내가 그녀와 함께 있기를 원해.

                                                      stay with her.

2 너는 내가 무엇인가를 말하기를 원해.

                                                 say something.

3 너는 내가 뭔가 먹기를 원해.

                                                 eat something.

4 너는 내가 뭔가 마시기를 원해.

                                                 drink something.

5 너는 내가 어딘가로 떠나기를 원해.

                                                 leave somewhere.

step 3. Fill in the blanks.

1 너는 내가 그녀와 함께 있기를 원해.

                                                         .

2 너는 내가 무엇인가를 말하기를 원해.

                                                         .

3 너는 내가 뭔가 먹기를 원해.

                                                         .

4 너는 내가 뭔가 마시기를 원해.

                                                         .

5 너는 내가 어딘가로 떠나기를 원해.

                                                         .

8

You want me to + 동사원형?(확장 패턴 2)
너는 내가 ~하기를 원하니?

A

step 1. Read it out loud.

1 너는 내가 그녀와 함께 있기를 원하니?
   You want me to stay with her?

2 너는 내가 무엇인가를 말하기를 원하니?
   You want me to say something?

3 너는 내가 뭔가 먹기를 원하니?
   You want me to eat something?

4 너는 내가 뭔가 마시기를 원하니?
   You want me to drink something?

5 너는 내가 어딘가로 떠나기를 원하니?
   You want me to leave somewhere?

....

일상 대화에서 평서문의 끝을 올려 발음함으로써 의문문을 만들기도 한다.

A

step 2. Fill in the blanks.

1 너는 내가 그녀와 함께 있기를 원하니?

You want me to   ?

2 너는 내가 무엇인가를 말하기를 원하니?

You want me to   ?

3 너는 내가 뭔가 먹기를 원하니?

You want me to   ?

4 너는 내가 뭔가 마시기를 원하니?

You want me to   ?

5 너는 내가 어딘가로 떠나기를 원하니?

You want me to   ?

step 3. Fill in the blanks.

1 너는 내가 그녀와 함께 있기를 원하니?

                  ?

2 너는 내가 무엇인가를 말하기를 원하니?

                  ?

3 너는 내가 뭔가 먹기를 원하니?

                  ?

4 너는 내가 뭔가 마시기를 원하니?

                  ?

5 너는 내가 어딘가로 떠나기를 원하니?

                  ?

9 Do you want me to + 동사원형?(확장 패턴 3)
너는 내가 ~하기를 원하니?

A

step 1. Read it out loud.

1 너는 내가 그녀와 함께 있기를 원하니?
Do you want me to stay with her?

2 너는 내가 무엇인가를 말하기를 원하니?
Do you want me to say something?

3 너는 내가 뭔가 먹기를 원하니?
Do you want me to eat something?

4 너는 내가 뭔가 마시기를 원하니?
Do you want me to drink something?

5 너는 내가 어딘가로 떠나기를 원하니?
Do you want me to leave somewhere?

A

step 2. Fill in the blanks.

1 너는 내가 그녀와 함께 있기를 원하니?

Do you want me to ?

2 너는 내가 무엇인가를 말하기를 원하니?

Do you want me to ?

3 너는 내가 뭔가 먹기를 원하니?

Do you want me to ?

4 너는 내가 뭔가 마시기를 원하니?

Do you want me to ?

5 너는 내가 어딘가로 떠나기를 원하니?

Do you want me to ?

step 3. Fill in the blanks.

1 너는 내가 그녀와 함께 있기를 원하니?

?

2 너는 내가 무엇인가를 말하기를 원하니?

?

3 너는 내가 뭔가 먹기를 원하니?

?

4 너는 내가 뭔가 마시기를 원하니?

?

5 너는 내가 어딘가로 떠나기를 원하니?

?

10 Do you want me to + 동사원형?(확장 패턴 4)
너는 내가 ~하기를 원하니?

step 1. Read it out loud.

1 너는 내가 너와 함께 있기를 원하니?
   Do you want me to stay with you?

2 너는 내가 병원에 가기를 원하니?
   Do you want me to see a doctor?

3 너는 내가 이 문자 메시지를 읽기를 원하니?
   Do you want me to read a text message?

4 너는 내가 카톡을 읽기를 원하니?
   Do you want me to read Kakao Talk?

5 너는 내가 그녀를 돕기를 원하니?
   Do you want me to help her?

step 2. Fill in the blanks.

1 너는 내가 너와 함께 있기를 원하니?
Do you want me to   ?

2 너는 내가 병원에 가기를 원하니?
Do you want me to   ?

3 너는 내가 이 문자 메시지를 읽기를 원하니?
Do you want me to   ?

4 너는 내가 카톡을 읽기를 원하니?
Do you want me to   ?

5 너는 내가 그녀를 돕기를 원하니?
Do you want me to   ?

step 3. Read it out loud.

1 너는 내가 너와 함께 있기를 원하니?
?

2 너는 내가 병원에 가기를 원하니?
?

3 너는 내가 이 문자 메시지를 읽기를 원하니?
?

4 너는 내가 카톡을 읽기를 원하니?
?

5 너는 내가 그녀를 돕기를 원하니?
?

A

11
Does she want me to + 동사원형?(확장 패턴 5)
그녀는 ~하기를 원하니?

step 1. Read it out loud.

1 그녀는 내가 돈을 벌기를 원하니?
   Does she want me to make money?

2 그는 내가 방 청소하기를 원하니?
   Does he want me to clean the room?

3 의사 선생님은 내가 잠자기를 원하니?
   Does the doctor want me to sleep?

4 너의 엄마는 네가 돈을 벌기를 원하니?
   Does your mom want you to make money?

5 그녀는 내가 너를 돕기를 원하니?
   Does she want me to help you?

step 2. Fill in the blanks.

1 그녀는 내가 돈을 벌기를 원하니?
   Does she want me to   ?

2 그는 내가 방 청소하기를 원하니?
   Does he want me to   ?

3 의사 선생님은 내가 잠자기를 원하니?
   Does the doctor want me to   ?

4 너의 엄마는 네가 돈을 벌기를 원하니?
   Does your mom want you to   ?

5 그녀는 내가 너를 돕기를 원하니?
   Does she want me to   ?

step 3. Fill in the blanks.

1 그녀는 내가 돈을 벌기를 원하니?

                                                          ?

2 그는 내가 방 청소하기를 원하니?

                                                          ?

3 의사 선생님은 내가 잠자기를 원하니?

                                                          ?

4 너의 엄마는 네가 돈을 벌기를 원하니?

                                                          ?

5 그녀는 내가 너를 돕기를 원하니?

                                                          ?

A

I just want to + 동사원형
나는 단지 ~하기를 원해

step 1. Read it out loud.

1 나는 단지 사실을 말하려고 했어.
I just wanted to tell the* truth.

2 나는 단지 거짓말을 하려고 했어.
I just wanted to tell a lie.

3 나는 단지 그녀에게 안부 인사를 하려고 했어.
I just wanted to say hello to her.

4 나는 단지 점심을 먹으려고 했어.
I just wanted to have lunch.

5 나는 단지 그녀를 도우려고 했어.
I just wanted to help her.

....

* 진실을 말하다는 정관사 'the'를 쓰고, 거짓을 말하다는 부정관사 'a'를 쓴다.

A

step 2. Fill in the blanks.

1 나는 단지 사실을 말하려고 했어.
I just wanted to   .

2 나는 단지 거짓말을 하려고 했어.
I just wanted to   .

3 나는 단지 그녀에게 안부 인사를 하려고 했어.
I just wanted to   .

4 나는 단지 점심을 먹으려고 했어.
I just wanted to   .

5 나는 단지 그녀를 도우려고 했어.
I just wanted to   .

step 3. Fill in the blanks.

1 나는 단지 사실을 말하려고 했어.
                                      .

2 나는 단지 거짓말을 하려고 했어.
                                      .

3 나는 단지 그녀에게 안부 인사를 하려고 했어.
                                      .

4 나는 단지 점심을 먹으려고 했어.
                                      .

5 나는 단지 그녀를 도우려고 했어.
                                      .

MEMO.

I am ~

1. I'm just about to + 동사원형
   나는 막 ~하려던 참이야

2. I'm here to + 동사원형
   나는 ~하러 왔어

3. I'm calling to + 동사원형
   ~하려고 전화했어요

4. I'm trying to + 동사원형
   ~하려고 노력 중이에요

5. I'm afraid + 주어 + 동사
   (유감이지만) ~한 것 같아

6. I'm afraid of + 명사
   ~가 두려워

7. I'm ready to + 동사원형
   ~할 준비가 되어 있어

8. I'm in + 명사
   나는 ~한 상태야

9. I'm on + 명사
   나는 ~하는 중이야

A

I'm just about to + 동사원형
나는 막 ~하려던 참이야

step 1. Read it out loud.

1 나는 막 너에게 전화를 하려던 참이야.
   I'm just about to call you.

2 나는 막 너에게 뭔가를 말하려던 참이야.
   I'm just about to say something to you.

3 나는 막 자려던 중이야.
   I'm just about to sleep.

4 나는 막 출발하려던 참이야.
   I'm just about to leave.

5 나는 막 공부하려던 참이야.
   I'm just about to study.

A

step 2. Fill in the blanks.

1 나는 막 너에게 전화를 하려던 참이야.

I'm   call you.

2 나는 막 너에게 뭔가를 말하려던 참이야.

I'm   say something to you.

3 나는 막 자려던 중이야.

I'm   sleep.

4 나는 막 출발하려던 참이야.

I'm   leave.

5 나는 막 공부하려던 참이야.

I'm   study.

step 3. Fill in the blanks.

1 나는 막 너에게 전화를 하려던 참이야.

                                       .

2 나는 막 너에게 뭔가를 말하려던 참이야.

                                       .

3 나는 막 자려던 중이야.

                                       .

4 나는 막 출발하려던 참이야.

                                       .

5 나는 막 공부하려던 참이야.

                                       .

A

I'm here to + 동사원형
나는 ~하러 왔어

step 1. Read it out loud.

1 나는 너를 도와주러 왔어.
I'm here to help you.

2 나는 너랑 함께 있으려고 왔어.
I'm here to stay with you.

3 나는 점심 먹으려고 왔어.
I'm here to have lunch.

4 나는 은행 계좌를 만들기 위해 왔어.
I'm here to open a bank account.

5 나는 이기기 위해 왔어.
I'm here to win.

step 2. Fill in the blanks.

1 나는 너를 도와주러 왔어.

I'm   help you.

2 나는 너랑 함께 있으려고 왔어.

I'm   stay with you.

3 나는 점심 먹으려고 왔어.

I'm   have lunch.

4 나는 은행 계좌를 만들기 위해 왔어.

I'm   open a bank account.

5 나는 이기기 위해 왔어.

I'm   win.

step 3. Fill in the blanks.

1 나는 너를 도와주러 왔어.

2 나는 너랑 함께 있으려고 왔어.

3 나는 점심 먹으려고 왔어.

4 나는 은행 계좌를 만들기 위해 왔어.

5 나는 이기기 위해 왔어.

I'm calling to + 동사원형
~ 하려고 전화했어요

A

step 1. Read it out loud.

1 약속 잡으려고 전화했어요.
   I'm calling to make an appointment.

2 안부인사 하려고 전화했어요.
   I'm calling to say hello.

3 사실을 말하려고 전화했어요.
   I'm calling to tell the truth.

4 물어보려고 전화했어요.
   I'm calling to ask something.

5 당신을 도우려고 전화했어요.
   I'm calling to help you.

61

A

step 2. Fill in the blanks.

1 약속 잡으려고 전화했어요.
   I'm calling to   .

2 안부인사 하려고 전화했어요.
   I'm calling to   .

3 사실을 말하려고 전화했어요.
   I'm calling to   .

4 물어보려고 전화했어요.
   I'm calling to   .

5 당신을 도우려고 전화했어요.
   I'm calling to   .

step 3. Fill in the blanks.

1 약속 잡으려고 전화했어요.

                                              .

2 안부인사 하려고 전화했어요.

                                              .

3 사실을 말하려고 전화했어요.

                                              .

4 물어보려고 전화했어요.

                                              .

5 당신을 도우려고 전화했어요.

                                              .

I'm trying to + 동사원형
~ 하려고 노력 중이에요

A

step 1. Read it out loud.

1   나는 자려고 노력 중이에요.
    I'm trying to sleep.

2   나는 영어공부하려고 노력 중이에요.
    I'm trying to study English.

3   나는 살 빼려고 노력 중이에요.
    I'm trying to lose my weight.

4   나는 살을 찌려고 노력 중이에요.
    I'm trying to gain my weight.

5   나는 그를 잊으려고 노력 중이에요.
    I'm trying to forget him.

A

step 2. Fill in the blanks.

1 나는 자려고 노력 중이에요.

sleep.

2 나는 영어공부하려고 노력 중이에요.

study English.

3 나는 살 빼려고 노력 중이에요.

lose my weight.

4 나는 살을 찌려고 노력 중이에요.

gain my weight.

5 나는 그를 잊으려고 노력 중이에요.

forget him.

step 3. Fill in the blanks.

1 나는 자려고 노력 중이에요.

.

2 나는 영어공부하려고 노력 중이에요.

.

3 나는 살 빼려고 노력 중이에요.

.

4 나는 살을 찌려고 노력 중이에요.

.

5 나는 그를 잊으려고 노력 중이에요.

.

I'm afraid + 주어 + 동사
(유감이지만) ~한 것 같아

step 1. Read it out loud.

1   유감이지만 네가 틀린 것 같아.
    I'm afraid you are wrong.

2   유감이지만 네가 실패한 것 같아.
    I'm afraid you are fail.

3   유감이지만 너를 도울 수 없을 것 같아.
    I'm afraid I cannot help you.

4   유감이지만 집에 가야만 해.
    I'm afraid I have to go home.

5   유감이지만 우리의 약속을 취소해야 할 것 같아.
    I'm afraid I have to cancel our appointment.

step 2. Fill in the blanks.

1 유감이지만 네가 틀린 것 같아.

                                                 you are wrong.

2 유감이지만 네가 실패한 것 같아.

                                                   you are fail.

3 유감이지만 너를 도울 수 없을 것 같아.

                                           I cannot help you.

4 유감이지만 집에 가야만 해.

                                           I have to go home.

5 유감이지만 우리의 약속을 취소해야 할 것 같아.

                             I have to cancel our appointment.

step 3. Fill in the blanks.

1 유감이지만 네가 틀린 것 같아.

                                                    .

2 유감이지만 네가 실패한 것 같아.

                                                    .

3 유감이지만 너를 도울 수 없을 것 같아.

                                                    .

4 유감이지만 집에 가야만 해.

                                                    .

5 유감이지만 우리의 약속을 취소해야 할 것 같아.

                                                    .

6

I'm afraid of + 명사
~가 두려워

step 1. Read it out loud.

1 나는 발표가 두려워.
I'm afraid of my presentation.

2 나는 내 자신이 두려워.
I'm afraid of myself.

3 나는 네가 두려워.
I'm afraid of you.

4 나는 어둠이 두려워.
I'm afraid of darkness.

5 나는 바퀴벌레가 두려워.
I'm afraid of cockroaches.

A

step 2. Fill in the blanks.

1 나는 발표가 두려워.

                my presentation.

2 나는 내 자신이 두려워.

                myself.

3 나는 네가 두려워.

                you.

4 나는 어둠이 두려워.

                darkness.

5 나는 바퀴벌레가 두려워.

                cockroaches.

step 3. Fill in the blanks.

1 나는 발표가 두려워.

                .

2 나는 내 자신이 두려워.

                .

3 나는 네가 두려워.

                .

4 나는 어둠이 두려워.

                .

5 나는 바퀴벌레가 두려워.

                .

I'm ready to + 동사원형
~할 준비가 되어 있어

A

step 1. Read it out loud.

1 난 주문할 준비가 되어 있어.
  I'm ready to order.

2 난 일하러 갈 준비가 되어 있어.
  I'm ready to go to work.

3 난 이 행사를 즐길 준비가 되어 있어.
  I'm ready to enjoy this event.

4 난 그녀에게 데이트 신청할 준비가 되어 있어.
  I'm ready to ask her out.

5 난 은퇴할 준비가 되어 있어.
  I'm ready to retire*.

＊ retire는 '은퇴하다'라는 의미로, 타이어를 다시 갈아 끼우고 인생 2막을 준비한다는 뜻이다.

step 2. Fill in the blanks.

1 난 주문할 준비가 되어 있어.

I'm ready to   .

2 난 일하러 갈 준비가 되어 있어.

I'm ready to   .

3 난 이 행사를 즐길 준비가 되어 있어.

I'm ready to   this event.

4 난 그녀에게 데이트 신청할 준비가 되어 있어.

I'm ready to   her out.

5 난 은퇴할 준비가 되어 있어.

I'm ready to   .

step 3. Fill in the blanks.

1 난 주문할 준비가 되어 있어.

                     .

2 난 일하러 갈 준비가 되어 있어.

                     .

3 난 이 행사를 즐길 준비가 되어 있어.

                     .

4 난 그녀에게 데이트 신청할 준비가 되어 있어.

                     .

5 난 은퇴할 준비가 되어 있어.

                     .

8

A

I'm in + 명사
나는 ~한 상태야

step 1. Read it out loud.

1 나는 한국에 있어.
   I'm in Korea.

2 나는 곤경에 처했어.
   I'm in trouble.

3 나는 그녀와 사랑에 빠졌어.
   I'm in love with her.

4 나는 뭔가 말하고 있는 중이야.
   I'm in the middle of* saying something.

5 나는 숙제 하는 중이야.
   I'm in the middle of doing homework.

....

* in the middle of ~하는 도중에

step 2. Fill in the blanks.

1 나는 한국에 있어.

_____ Korea.

2 나는 곤경에 처했어.

_____ trouble.

3 나는 그녀와 사랑에 빠졌어.

_____ love with her.

4 나는 뭔가 말하고 있는 중이야.

_____ the middle of saying something.

5 나는 숙제 하는 중이야.

_____ the middle of doing homework.

step 3. Fill in the blanks.

1 나는 한국에 있어.

_____ .

2 나는 곤경에 처했어.

_____ .

3 나는 그녀와 사랑에 빠졌어.

_____ .

4 나는 뭔가 말하고 있는 중이야.

_____ .

5 나는 숙제 하는 중이야.

_____ .

9

A

I'm on + 명사
나는 ~하는 중이야

step 1. Read it out loud.

1 나는 가고 있는 중이야.
   I'm on my way.

2 나는 네 편이야.
   I'm on your side.

3 나는 다이어트 중이야.
   I'm on a diet.

4 나는 잠깐 쉬는 중이야.
   I'm on the break.

5 나는 술 끊었어.
   I'm on the wagon*.

----

* on the wagon은 마차를 타고 있다는 의미다. 과거에는 마차를 타고 다녔기 때문에 유래
   된 말로, 마차를 몰아야 하므로 술을 마실 수 없음을 뜻한다.

step 2. Fill in the blanks.

1 나는 가고 있는 중이야.
I'm   .

2 나는 네 편이야.
I'm   .

3 나는 다이어트 중이야.
I'm   .

4 나는 잠깐 쉬는 중이야.
I'm   .

5 나는 술 끊었어.
I'm   .

step 3. Fill in the blanks.

1 나는 가고 있는 중이야.

2 나는 네 편이야.

3 나는 다이어트 중이야.

4 나는 잠깐 쉬는 중이야.

5 나는 술 끊었어.

have to + 동사원형

1. have to + 동사원형
   ~해야만 한다

2. Don't have to + 동사원형
   ~할 필요 없어

3. has to + 동사원형
   ~해야만 한다

4. Doesn't have to + 동사원형
   ~할 필요 없어

5. Do I have to + 동사원형
   내가 ~해야 해?

6. What do I have to + 동사원형
   내가 무엇을 해야 해?

MEMO.

have to + 동사원형
~해야만 한다

step 1. Read it out loud.

1 너는 서울에 가야만 해.
You have to go to Seoul.

2 너는 계획을 세워야 해.
You have to make a plan.

3 너는 친구들을 만나야만 해.
You have to meet your friends.

4 너는 비밀을 지켜야 해.
You have to keep a secret.

5 너는 일찍 일어나야만 해.
You have to get up early.

A

step 2. Fill in the blanks.

1 너는 서울에 가야만 해.

You _____ to Seoul.

2 너는 계획을 세워야 해.

You _____ a plan.

3 너는 친구들을 만나야만 해.

You _____ your friends.

4 너는 비밀을 지켜야 해.

You _____ a secret.

5 너는 일찍 일어나야만 해.

You _____ get up early.

step 3. Fill in the blanks.

1 너는 서울에 가야만 해.

_____ .

2 너는 계획을 세워야 해.

_____ .

3 너는 친구들을 만나야만 해.

_____ .

4 너는 비밀을 지켜야 해.

_____ .

5 너는 일찍 일어나야만 해.

_____ .

Don't have to + 동사원형
~할 필요 없어

A

step 1. Read it out loud.

1 너는 서울에 갈 필요 없어.
  You don't have to go to Seoul.

2 너는 계획을 세울 필요 없어.
  You don't have to make a plan.

3 너는 친구들을 만날 필요 없어.
  You don't have to meet your friends.

4 너는 비밀을 지킬 필요 없어.
  You don't have to keep a secret.

5 너는 일찍 일어날 필요 없어.
  You don't have to get up early.

step 2. Fill in the blanks.

1 너는 서울에 갈 필요 없어.
You   go to Seoul.

2 너는 계획을 세울 필요 없어.
You   make a plan.

3 너는 친구들을 만날 필요 없어.
You   meet your friends.

4 너는 비밀을 지킬 필요 없어.
You   keep a secret.

5 너는 일찍 일어날 필요 없어.
You   get up early.

step 3. Fill in the blanks.

1 너는 서울에 갈 필요 없어.

                                                    .

2 너는 계획을 세울 필요 없어.

                                                    .

3 너는 친구들을 만날 필요 없어.

                                                    .

4 너는 비밀을 지킬 필요 없어.

                                                    .

5 너는 일찍 일어날 필요 없어.

                                                    .

3 has to + 동사원형
~해야만 해

step 1. Read it out loud.

1 그녀는 서울에 가야만 해.
She has to go to Seoul.

2 그는 계획을 세워야만 해.
He has to make a plan.

3 그녀는 너의 친구들을 만나야만 해.
She has to meet your friends.

4 그는 비밀을 지켜야만 해.
He has to keep a secret.

5 그녀는 이것을 마셔야만 해.
She has to drink this.

step 2. Fill in the blanks.

1   그녀는 서울에 가야만 해.

     She   go to Seoul.

2   그는 계획을 세워야만 해.

     He   make a plan.

3   그녀는 너의 친구들을 만나야만 해.

     She   meet your friends.

4   그는 비밀을 지켜야만 해.

     He   keep a secret.

5   그녀는 이것을 마셔야만 해.

     She   drink this.

step 3. Fill in the blanks.

1   그녀는 서울에 가야만 해.

                                        .

2   그는 계획을 세워야만 해.

                                        .

3   그녀는 너의 친구들을 만나야만 해.

                                        .

4   그는 비밀을 지켜야만 해.

                                        .

5   그녀는 이것을 마셔야만 해.

                                        .

Doesn't have to + 동사원형
~할 필요 없어

step 1. Read it out loud.

1 그녀는 서울에 갈 필요가 없어.
She doesn't have to go to Seoul.

2 그는 계획을 세울 필요가 없어.
He doesn't have to make a plan.

3 그녀는 친구들을 만날 필요가 없어.
She doesn't have to meet friends.

4 그는 비밀을 지킬 필요가 없어.
He doesn't have to keep a secret.

5 그녀는 이것을 마실 필요가 없어.
She doesn't have to drink this.

step 2. Fill in the blanks.

1 그녀는 서울에 갈 필요가 없어.
She _____ go to Seoul.

2 그는 계획을 세울 필요가 없어.
He _____ make a plan.

3 그녀는 친구들을 만날 필요가 없어.
She _____ meet friends.

4 그는 비밀을 지킬 필요가 없어.
He _____ keep a secret.

5 그녀는 이것을 마실 필요가 없어.
She _____ drink this.

step 3. Fill in the blanks.

1 그녀는 서울에 갈 필요가 없어.
_____ .

2 그는 계획을 세울 필요가 없어.
_____ .

3 그녀는 친구들을 만날 필요가 없어.
_____ .

4 그는 비밀을 지킬 필요가 없어.
_____ .

5 그녀는 이것을 마실 필요가 없어.
_____ .

Do I have to + 동사원형
내가 ~해야 해?

A

step 1. Read it out loud.

1 내가 너에게 말을 해야만 해?
  Do I have to tell you?

2 내가 그녀를 용서해야만 해?
  Do I have to forgive her?

3 내가 그걸 참아야 해?
  Do I have to stand that?

4 내가 그걸 해야만 해?
  Do I have to do that?

5 내가 그녀와 점심을 먹어야 해?
  Do I have to eat lunch with her?

A

step 2. Fill in the blanks.

1 내가 너에게 말을 해야만 해?
  Do I have to _____ you?

2 내가 그녀를 용서해야만 해?
  Do I have to _____ her?

3 내가 그걸 참아야 해?
  Do I have to _____ that?

4 내가 그걸 해야만 해?
  Do I have to _____ that?

5 내가 그녀와 점심을 먹어야 해?
  Do I have to _____ lunch with her?

step 3. Fill in the blanks.

1 내가 너에게 말을 해야만 해?
  _____?

2 내가 그녀를 용서해야만 해?
  _____?

3 내가 그걸 참아야 해?
  _____?

4 내가 그걸 해야만 해?
  _____?

5 내가 그녀와 점심을 먹어야 해?
  _____?

A

What do I have to + 동사원형
내가 무엇을 해야 해?

step 1. Read it out loud.

1 내가 너를 위해 무엇을 해야 해?
   What do I have to do for you?

2 내가 무엇을 먼저 요리해야 해?
   What do I have to cook first?

3 내가 그에게 무엇을 물어봐야 해?
   What do I have to ask him?

4 내가 무엇을 생각해야 해?
   What do I have to think about?

5 내가 무엇을 입어야 하지?
   What do I have to wear?

step 2. Fill in the blanks.

1 내가 너를 위해 무엇을 해야 해?

do for you?

2 내가 무엇을 먼저 요리해야 해?

cook first?

3 내가 그에게 무엇을 물어봐야 해?

ask him?

4 내가 무엇을 생각해야 해?

think about?

5 내가 무엇을 입어야 하지?

wear?

step 3. Fill in the blanks.

1 내가 너를 위해 무엇을 해야 해?

?

2 내가 무엇을 먼저 요리해야 해?

?

3 내가 그에게 무엇을 물어봐야 해?

?

4 내가 무엇을 생각해야 해?

?

5 내가 무엇을 입어야 하지?

?

Can I + 동사원형?

1. Can I get + 명사 ?
   ~주실래요?

2. Can I have + 명사 ?
   제가 ~을 가질 수 있을까요?

3. Can I ask ~ ?
   제가 ~을 물어볼 수 있을까요?

4. Can you bring ~ ?
   ~ 가져다 주실래요?

5. Can you help ~ ?
   ~하는 것을 도와줄래?

6. Can you tell ~ ?
   말해 줄래?

7. Can you show ~ ?
   보여 줄래?(말해 줄래?)

8. I can't believe + 주어 + 동사
   나는 믿을 수 없어

9. I can figure out ~
   난 짐작할 수 있어

10. I can't figure out ~
    난 짐작할 수 없어

11. I can't find + 명사
    ~을 못 찾겠어

12. I can't tell ~
    말 못하겠어(구분 못하겠어)

13. I can't say ~
    ~라고 말할 수 없어

14. I can't stand ~
    ~을 못 참겠어

15. I can't understand why + 주어 + 동사
    이해할 수가 없어

MEMO.

Can I get + 명사?

~ 주실래요?

step 1. Read it out loud.

1 음료수 한 잔 주실래요?
  Can I get some drink?

2 커피 좀 주실래요?
  Can I get some coffee?

3 안대를 주실래요?
  Can I get an eye mask?

4 칫솔 좀 주실래요?
  Can I get a tooth brush?

5 신문 좀 주실래요?
  Can I get today's newspaper?

step 2. Fill in the blanks.

1 음료수 한 잔 주실래요?

Can I   some drink?

2 커피 좀 주실래요?

Can I   some coffee?

3 안대를 주실래요?

Can I   an eye mask?

4 칫솔 좀 주실래요?

Can I   a tooth brush?

5 신문 좀 주실래요?

Can I   today's newspaper?

step 3. Fill in the blanks.

1 음료수 한 잔 주실래요?

?

2 커피 좀 주실래요?

?

3 안대를 주실래요?

?

4 칫솔 좀 주실래요?

?

5 신문 좀 주실래요?

?

A

Can I have + 명사?
제가 ~을 가질 수 있을까요?

step 1. Read it out loud.

1 한 입 먹어도 될까요?
Can I have a bite?

2 제가 당신과 대화를 좀 할 수 있을까요?
Can I have a talk with you?

3 사인 좀 해 주시겠어요?
Can I have your autograph?

4 신분증 좀 주시겠어요?
Can I have your ID*?

5 이름을 알려주시겠어요?
Can I have your name?(Can I get your name?)**

....

* ID(identification) 신분증

** Can I have your name? 또는 Can I get your name?은 What's your name?보다 훨씬 공손
한 표현이다.

step 2. Fill in the blanks.

1 한 입 먹어도 될까요?
Can I have   ?

2 제가 당신과 대화를 좀 할 수 있을까요?
Can I have   with you?

3 사인 좀 해 주시겠어요?
Can I have   ?

4 신분증 좀 주시겠어요?
Can I have   ?

5 이름을 알려주시겠어요?
Can I have   ?

step 3. Fill in the blanks.

1 한 입 먹어도 될까요?
                                                            ?

2 제가 당신과 대화를 좀 할 수 있을까요?
                                                            ?

3 사인 좀 해 주시겠어요?
                                                            ?

4 신분증 좀 주시겠어요?
                                                            ?

5 이름을 알려주시겠어요?
                                                            ?

A

Can I ask ~?
제가 ~을 물어볼 수 있을까요?

step 1. Read it out loud.

1 개인적인 질문을 해도 될까요?
  Can I ask you a personal question?

2 왜 그런지 물어볼 수 있을까요?
  Can I ask you why?

3 데이트 신청해도 될까요?
  Can I ask you out?

4 도움을 요청해도 될까요?
  Can I ask you to help me?

5 소리 좀 낮춰주시겠어요?
  Can I ask you to keep it down?

step 2. Fill in the blanks.

1 개인적인 질문을 해도 될까요?
  Can I ask you ?

2 왜 그런지 물어볼 수 있을까요?
  Can I ask you ?

3 데이트 신청해도 될까요?
  Can I ask you ?

4 도움을 요청해도 될까요?
  Can I ask you ?

5 소리 좀 낮춰주시겠어요?
  Can I ask you to ?

step 3. Fill in the blanks.

1 개인적인 질문을 해도 될까요?
  ?

2 왜 그런지 물어볼 수 있을까요?
  ?

3 데이트 신청해도 될까요?
  ?

4 도움을 요청해도 될까요?
  ?

5 소리 좀 낮춰주시겠어요?
  ?

A

Can you bring ~?
~ 가져다 주실래요?(~ 가져다 주세요)

step 1. Read it out loud.

1 물수건을 저에게 가져다 주실래요?
   Can you bring me a wet towel?

2 한 번 더 저에게 가져다 주실래요?
   Can you bring me one more?

3 계산서를 저에게 가져다 주실래요?
   Can you bring me the bill?

4 커피 좀 저에게 가져다 주실래요?
   Can you bring me some coffee?

5 너의 친구들을 데려다 주실래요?
   Can you bring your friend?

....

can you bring 뒤에 사람이 나오는 경우 '데려다 주다'라는 의미다.
can you bring me + 명사는 '나에게 명사를 가져다 주세요'라는 의미다.

A

step 2. Fill in the blanks.

1 물수건을 저에게 가져다 주실래요?

                 me a wet towel?

2 한 번 더 저에게 가져다 주실래요?

                 me one more?

3 계산서를 저에게 가져다 주실래요?

                 me the bill?

4 커피 좀 저에게 가져다 주실래요?

                 me some coffee?

5 너의 친구들을 데려다 주실래요?

                 your friend?

step 3. Fill in the blanks.

1 물수건을 저에게 가져다 주실래요?

                 ?

2 한 번 더 저에게 가져다 주실래요?

                 ?

3 계산서를 저에게 가져다 주실래요?

                 ?

4 커피 좀 저에게 가져다 주실래요?

                 ?

5 너의 친구들을 데려다 주실래요?

                 ?

Can you help ~?
~하는 것을 도와줄래?

A

step 1. Read it out loud.

1 나의 핸드폰 찾는 것을 도와줄래?
   Can you help me find my phone?

2 나의 비밀번호를 찾는 것을 도와줄래?
   Can you help me find my password?

3 나의 미소를 찾는 것을 도와줄래?
   Can you help me find my smile?

4 내가 그 병을 여는 것을 도와줄래?
   Can you help me open the bottle?

5 내가 문제 푸는 것을 도와줄래?
   Can you help me solve the problem?

step 2. Fill in the blanks.

1 나의 핸드폰 찾는 것을 도와줄래?

Can you _____ my phone?

2 나의 비밀번호를 찾는 것을 도와줄래?

Can you _____ my password?

3 나의 미소를 찾는 것을 도와줄래?

Can you _____ my smile?

4 내가 그 병을 여는 것을 도와줄래?

Can you _____ the bottle?

5 내가 문제 푸는 것을 도와줄래?

Can you _____ the problem?

step 3. Fill in the blanks.

1 나의 핸드폰 찾는 것을 도와줄래?

_____ ?

2 나의 비밀번호를 찾는 것을 도와줄래?

_____ ?

3 나의 미소를 찾는 것을 도와줄래?

_____ ?

4 내가 그 병을 여는 것을 도와줄래?

_____ ?

5 내가 문제 푸는 것을 도와줄래?

_____ ?

A

Can you tell ~?
말해 줄래?

step 1. Read it out loud.

1 무엇을 해야 하는지 말해줄래?
Can you tell me what to do?

2 너의 경험에 대해 말해줄래?
Can you tell me about your experience?

3 어디로 가야 하는지 말해 줄래?
Can you tell me where to go?

4 어떻게 사고가 발생했는지 말해 줄래?
Can you tell me how the accident happen?

5 왜 안 되는지 말해 줄래?
Can you tell me why not?

step 2. Fill in the blanks.

1 무엇을 해야 하는지 말해 줄래?

Can you tell me   ?

2 너의 경험에 대해 말해 줄래?

Can you tell me   ?

3 어디로 가야 하는지 말해 줄래?

Can you tell me   ?

4 어떻게 사고가 발생했는지 말해 줄래?

Can you tell me   ?

5 왜 안 되는지 말해 줄래?

Can you tell me   ?

step 3. Fill in the blanks.

1 무엇을 해야 하는지 말해 줄래?

                                  ?

2 너의 경험에 대해 말해 줄래?

                                  ?

3 어디로 가야 하는지 말해 줄래?

                                  ?

4 어떻게 사고가 발생했는지 말해 줄래?

                                  ?

5 왜 안 되는지 말해 줄래?

                                  ?

A

Can you show ~ ?
보여 줄래?(말해 줄래?)

step 1. Read it out loud.

1 다른 것을 보여 줄래요?
   Can you show me another?

2 여권을 보여 줄래요?
   Can you show me the passport?

3 멤버십 카드를 보여 주시겠어요?
   Can you show me your membership card?

4 공항으로 가는 길을 알려 줄래요?
   Can you show me how to get to the airport?

5 어떻게 프린트하는지 알려 줄래요?
   Can you show me how to print it?

step 2. Fill in the blanks.

1 다른 것을 보여 줄래요?

_____ another?

2 여권을 보여 줄래요?

_____ the passport?

3 멤버십 카드를 보여 주시겠어요?

_____ your membership card?

4 공항으로 가는 길을 알려 줄래요?

_____ how to get to the airport?

5 어떻게 프린트하는지 알려 줄래요?

_____ how to print it?

step 3. Fill in the blanks.

1 다른 것을 보여 줄래요?

_____ ?

2 여권을 보여 줄래요?

_____ ?

3 멤버십 카드를 보여 주시겠어요?

_____ ?

4 공항으로 가는 길을 알려 줄래요?

_____ ?

5 어떻게 프린트 하는지 알려 줄래요?

_____ ?

I can't believe + 주어 + 동사
나는 믿을 수 없어

step 1. Read it out loud.

1   네가 그렇게 말을 하다니 믿을 수 없어.
    I can't believe you say so.

2   그녀가 떠났더니 믿을 수 없어.
    I can't believe she left.

3   우리가 졌다니 믿을 수 없어.
    I can't believe we lost.

4   걔네들이 헤어졌다니 믿을 수 없어.
    I can't believe they broke up.

5   너의 생일을 깜박했다니 믿을 수 없어.
    I can't believe I forget your birthday.

step 2. Fill in the blanks.

1 네가 그렇게 말을 하다니 믿을 수 없어.
I can't believe   .

2 그녀가 떠났더니 믿을 수 없어.
I can't believe   .

3 우리가 졌다니 믿을 수 없어.
I can't believe   .

4 걔네들이 헤어졌다니 믿을 수 없어.
I can't believe   .

5 너의 생일을 깜박했다니 믿을 수 없어.
I can't believe   .

step 3. Fill in the blanks.

1 네가 그렇게 말을 하다니 믿을 수 없어.

                                                         .

2 그녀가 떠났더니 믿을 수 없어.

                                                         .

3 우리가 졌다니 믿을 수 없어.

                                                         .

4 걔네들이 헤어졌다니 믿을 수 없어.

                                                         .

5 너의 생일을 깜박했다니 믿을 수 없어.

                                                         .

9 I can figure out ~
난 짐작할 수 있어

step 1. Read it out loud.

1 나는 그게 무엇인지 짐작할 수 있어.
I can figure out what it is.

2 난 그게 얼마인지 짐작할 수 있어.
I can figure out how much it is.

3 난 그거 어떻게 하는지 짐작할 수 있어.
I can figure out how to do that.

4 난 그녀가 얼마나 아름다운지 짐작할 수 있어.
I can figure out how beautiful she is.

5 나는 그녀가 왜 화났지 짐작할 수 있어.
I can figure out why she was angry.

A

step 2. Fill in the blanks.

1 나는 그게 무엇인지 짐작할 수 있어.

I can figure out   .

2 난 그게 얼마인지 짐작할 수 있어.

I can figure out   .

3 난 그거 어떻게 하는지 짐작할 수 있어.

I can figure out   .

4 난 그녀가 얼마나 아름다운지 짐작할 수 있어.

I can figure out   .

5 나는 그녀가 왜 화났지 짐작할 수 있어.

I can figure out   .

step 3. Fill in the blanks.

1 나는 그게 무엇인지 짐작할 수 있어.

                                                      .

2 난 그게 얼마인지 짐작할 수 있어.

                                                      .

3 난 그거 어떻게 하는지 짐작할 수 있어.

                                                      .

4 난 그녀가 얼마나 아름다운지 짐작할 수 있어.

                                                      .

5 나는 그녀가 왜 화났지 짐작할 수 있어.

                                                      .

I can't figure out ~
난 짐작할 수 없어

A

step 1. Read it out loud.

1 나는 그게 무엇인지 짐작할 수 없어.
   I can't figure out what it is.

2 난 그게 얼마인지 짐작할 수 없어.
   I can't figure out how much it is.

3 난 그거 어떻게 하는지 짐작할 수 없어.
   I can't figure out how to do that.

4 난 그녀가 얼마나 아름다운지 짐작할 수 없어.
   I can't figure out how beautiful she is.

5 나는 그녀가 왜 화났지 짐작할 수 없어.
   I can't figure out why she was angry.

step 2. Fill in the blanks.

1 나는 그게 무엇인지 짐작할 수 없어.

                                      what it is.

2 난 그게 얼마인지 짐작할 수 없어.

                                      how much is it.

3 난 그거 어떻게 하는지 짐작할 수 없어.

                                      how to do that.

4 난 그녀가 얼마나 아름다운지 짐작할 수 없어.

                                      how beautiful she is.

5 나는 그녀가 왜 화났지 짐작할 수 없어.

                                      why she was angry.

step 3. Fill in the blanks.

1 나는 그게 무엇인지 짐작할 수 없어.

                                             .

2 난 그게 얼마인지 짐작할 수 없어.

                                             .

3 난 그거 어떻게 하는지 짐작할 수 없어.

                                             .

4 난 그녀가 얼마나 아름다운지 짐작할 수 없어.

                                             .

5 나는 그녀가 왜 화났지 짐작할 수 없어.

                                             .

I can't find + 명사
~을 못 찾겠어

step 1. Read it out loud.

1 주차할 자리를 못 찾겠어.
   I can't find a place to park.

2 충전기를 못 찾겠어.
   I can't find my charger.

3 나에게 맞는 옷을 못 찾겠어.
   I can't find clothes to fit me.

4 나의 길을 못 찾겠어.
   I can't find my way.

5 핸드폰을 못 찾겠어.
   I can't find my cell phone.

step 2. Fill in the blanks.

1 주차할 자리를 못 찾겠어.

　　　　　　　　　　　　　　　　　　　　 a place to park.

2 충전기를 못 찾겠어.

　　　　　　　　　　　　　　　　　　　　 my charger.

3 나에게 맞는 옷을 못 찾겠어.

　　　　　　　　　　　　　　　　　　　　 clothes to fit me.

4 나의 길을 못 찾겠어.

　　　　　　　　　　　　　　　　　　　　 my way.

5 핸드폰을 못 찾겠어.

　　　　　　　　　　　　　　　　　　　　 my cell phone.

step 3. Fill in the blanks.

1 주차할 자리를 못 찾겠어.

　　　　　　　　　　　　　　　　　　　　　　　　.

2 충전기를 못 찾겠어.

　　　　　　　　　　　　　　　　　　　　　　　　.

3 나에게 맞는 옷을 못 찾겠어.

　　　　　　　　　　　　　　　　　　　　　　　　.

4 나의 길을 못 찾겠어.

　　　　　　　　　　　　　　　　　　　　　　　　.

5 핸드폰을 못 찾겠어.

　　　　　　　　　　　　　　　　　　　　　　　　.

I can't tell* ~
말 못하겠어(구분 못하겠어)

step 1. Read it out loud.

1 너에게 이유를 말 못하겠어.
   I can't tell you why.

2 얼마나 기쁜지 말 못하겠어.
   I can't tell you how happy I am.

3 얼마나 미안한지 말 못하겠어.
   I can't tell you how sorry I am.

4 모든 것을 말할 수 없어.
   I can't tell you everything.

5 지금 당장은 말할 수 없어.
   I can't tell you right now.

....

* tell은 '말하다', '알아내다', '구별하다', '판단하다'의 의미를 지닌다.

step 2. Fill in the blanks.

1 너에게 이유를 말 못하겠어.

I can't tell you   .

2 얼마나 기쁜지 말 못하겠어.

I can't tell you   .

3 얼마나 미안한지 말 못하겠어.

I can't tell you   .

4 모든 것을 말할 수 없어.

I can't tell you   .

5 지금 당장은 말할 수 없어.

I can't tell you   .

step 3. Fill in the blanks.

1 너에게 이유를 말 못하겠어.

                    .

2 얼마나 기쁜지 말 못하겠어.

                    .

3 얼마나 미안한지 말 못하겠어.

                    .

4 모든 것을 말할 수 없어.

                    .

5 지금 당장은 말할 수 없어.

                    .

A

I can't say ~
~라고 말할 수 없어

step 1. Read it out loud.

1 행복하다고 말할 수 없어.
I can't say I am happy.

2 그녀를 사랑한다고 말할 수 없어.
I can't say I love her.

3 안녕이라고 너에게 말할 수 없어.
I can't say goodbye to you.

4 그를 안다고 말할 수 없어.
I can't say I know him.

5 너한테 동의한다고 말할 수 없어.
I can't say I agree with you.

step 2. Fill in the blanks.

1   행복하다고 말할 수 없어.

                                                    I am happy.

2   그녀를 사랑한다고 말할 수 없어.

                                                    I love her.

3   안녕이라고 너에게 말할 수 없어.

                                                    goodbye to you.

4   그를 안다고 말할 수 없어.

                                                    I know him.

5   너한테 동의한다고 말할 수 없어.

                                                    I agree with you.

step 3. Fill in the blanks.

1   행복하다고 말할 수 없어.

                                                    .

2   그녀를 사랑한다고 말할 수 없어.

                                                    .

3   안녕이라고 너에게 말할 수 없어.

                                                    .

4   그를 안다고 말할 수 없어.

                                                    .

5   너한테 동의한다고 말할 수 없어.

                                                    .

I can't stand ~
~을 못 참겠어

step 1. Read it out loud.

1 이 영화 보는 거 정말 싫어.
  I can't stand to watch this movie.

2 네 이야기를 듣는 것을 못 참겠어.
  I can't stand to hear you.

3 너랑 있는 것 못 참겠어.
  I can't stand to be with you.

4 추운 거 못 참겠어.
  I can't stand the cold.

5 그녀와 일하는 것 못 참겠어.
  I can't stand to work with her.

....

I can't stand to + 동사원형은 '~하는 것을 못 참겠어', I can't stand + 명사는 '~을 못 참겠어'
라는 의미다.

step 2. Fill in the blanks.

1 이 영화 보는 거 정말 싫어.

_____ to watch this movie.

2 네 이야기를 듣는 것을 못 참겠어.

_____ to hear you.

3 너랑 있는 것 못 참겠어.

_____ to be with you.

4 추운 거 못 참겠어.

_____ the cold.

5 그녀와 일하는 것 못 참겠어.

_____ to work with her.

step 3. Fill in the blanks.

1 이 영화 보는 거 정말 싫어.

_____ .

2 네 이야기를 듣는 것을 못 참겠어.

_____ .

3 너랑 있는 것 못 참겠어.

_____ .

4 추운 거 못 참겠어.

_____ .

5 그녀와 일하는 것 못 참겠어.

_____ .

15 I can't understand why + 주어 + 동사
이해할 수가 없어

A

step 1. Read it out loud.

1 난 네가 왜 늦었는지 이해할 수 없어.
I can't understand why you were late.

2 난 왜 그들이 그렇게 했는지 이해를 할 수가 없어.
I can't understand why they did that.

3 난 그가 왜 나를 좋아하는지 알 수 없어.
I can't understand why he likes me.

4 난 왜 네가 화를 내는지 이해할 수 없어.
I can't understand why you are so angry.

5 난 이것이 왜 이렇게 비싼지 이해할 수 없어.
I can't understand why this is so expensive.

step 2. Fill in the blanks.

1 난 네가 왜 늦었는지 이해할 수 없어.

I can't understand   .

2 난 왜 그들이 그렇게 했는지 이해를 할 수가 없어.

I can't understand   .

3 난 그가 왜 나를 좋아하는지 알 수 없어.

I can't understand   .

4 난 왜 네가 화를 내는지 이해할 수 없어.

I can't understand   .

5 난 이것이 왜 이렇게 비싼지 이해할 수 없어.

I can't understand   .

step 3. Fill in the blanks.

1 난 네가 왜 늦었는지 이해할 수 없어.

                                    .

2 난 왜 그들이 그렇게 했는지 이해를 할 수가 없어.

                                    .

3 난 그가 왜 나를 좋아하는지 알 수 없어.

                                    .

4 난 왜 네가 화를 내는지 이해할 수 없어.

                                    .

5 난 이것이 왜 이렇게 비싼지 이해 할 수 없어.

                                    .

원어민이 매일 쓰는 일상 표현   B

원어민이 매일 쓰는 일상 표현 1강

step 1. Write the meaning in Korean.

1 You bet. / Absolutely.

2 None of your business.

3 I got blacked out yesterday.

4 You are the boss! It's up to you

5 How could you do that to me?

6 Put yourself in my shoes. / Let's shift our ground.

7 It couldn't be better than this!

8 I'll pay you back.

9 I'm gonna let it slide only this time.

10 I have worked my tail off.

step 2. Fill in the blanks.

1 물론이지. / 당근이지.

You _____. / Absolutely.

2 너나 잘해.

None of your _____.

3 나 어제 필름 끊겼어.

I got _____ yesterday.

4 네 맘대로 해.

You are the boss! It's _____ to you.

5 네가 어떻게 나한테 그럴 수 있니?

_____ could you do that to me?

6 너도 내 입장이 되어봐.

Put yourself in _____. / Let's shift our ground.

7 이 보다 더 좋을 순 없다.

It couldn't be _____ than this!

8 두고 보자, 가만두지 않겠어.

I'll pay you _____.

9 이번 한 번만 봐준다.

I'm gonna let it _____ only this time.

10 저는 열심히 일해요.

I have worked my _____.

step 3. Write the sentence in English.

1. 물론이지. / 당근이지.

                                       .

2. 너나 잘해.

                                       .

3. 나 어제 필름 끊겼어.

                                       .

4. 네 맘대로 해.

                                       .

5. 네가 어떻게 나한테 그럴 수 있니?

                                       ?

6. 너도 내 입장이 되어봐.

                                       .

7. 이 보다 더 좋을 순 없다.

                                       .

8. 두고 보자, 가만두지 않겠어.

                                       .

9. 이번 한 번만 봐준다.

                                       .

10. 저는 열심히 일해요.

                                       .

B

원어민이 매일 쓰는 일상 표현 2강

B

step 1. Write the meaning in Korean.

1　The joke is too harsh.

　　　　　　　　　　　　　　　　　　　　　　　　　.

2　Do I look like I am easy?

　　　　　　　　　　　　　　　　　　　　　　　　　?

3　I feel heavy.

　　　　　　　　　　　　　　　　　　　　　　　　　.

4　Don't get me wrong.

　　　　　　　　　　　　　　　　　　　　　　　　　.

5　You are dead meat!

　　　　　　　　　　　　　　　　　　　　　　　　　!

6　Don't try to butter me up.

　　　　　　　　　　　　　　　　　　　　　　　　　.

7　Sue me!

　　　　　　　　　　　　　　　　　　　　　　　　　!

8　I don't feel good about it, either.

　　　　　　　　　　　　　　　　　　　　　　　　　.

9　My whole body aches.

　　　　　　　　　　　　　　　　　　　　　　　　　.

10　He has a big pot belly.

　　　　　　　　　　　　　　　　　　　　　　　　　.

step 2. Fill in the blanks.

1 장난이 좀 심하군.
The joke is too   .

2 내가 만만해 보여?
Do I look like I am   ?

3 몸이 찌뿌둥하다.
I feel   .

4 오해하지 마세요.
Don't get me   .

5 넌 죽었어!
You are dead   !

6 알랑방귀 뀌지 마.
Don't try to   me up.

7 배 째!
                                          me!

8 나도 역시 맘이 편하지 않아.
I don't feel good about it,   .

9 삭신이 쑤신다.
My whole body   .

10 그 인간, 똥배 나왔어.
He has a big pot   .

....

step 2에 노트나 다른 책으로 가린 후 step 1을 시작하세요.

step 3. Write the sentence in English.

1 장난이 좀 심하군.

               .

2 내가 만만해 보여?

               ?

3 몸이 찌뿌등하다.

               .

4 오해하지 마세요.

               .

5 넌 죽었어.

               !

6 알랑방귀 뀌지 마.

               .

7 배 째.

               !

8 나도 역시 맘이 편하지 않아.

               .

9 삭신이 쑤신다.

               .

10 그 인간, 똥배 나왔어.

               .

원어민이 매일 쓰는 일상 표현 3강

step 1. Write the meaning in Korean.

1 Let's go all the way.

2 He's usually like that.

3 You have no respect.

4 Don't act like you are rich.

5 My position is very uncomfortable.

6 Don't go too far.

7 Just say it, don't argue.

8 What kind of person is this!

9 Kids grow up fighting all the time.

10 Man…, I'm dead now.

step 2. Fill in the blanks.

1 죽을 만큼 마셔보자, 갈 데까지 가보자.

Let's go all the   .

2 그 인간 원래 그래.

He's usually   that.

3 이 싸가지 없는 놈아.

You have no   .

4 있는 척 좀 하지 마.

Don't act   you are rich.

5 내 입장이 난처해.

My position is very   .

6 너무 오버하지 마.

Don't go   .

7 그냥 그렇다고, 자꾸 따지지 마.

Just say it, don't   .

8 뭐 이런 놈이 다 있어?

What   person is this?

9 애들은 싸우면서 크는 거야.

Kids   fighting all the time.

10 에고, 난 이제 죽었다.

Man···, I'm   now.

step 3. Write the sentence in English.

1 죽을 만큼 마셔보자, 갈 데까지 가보자.

.

2 그 인간 원래 그래.

.

3 이 싸가지 없는 놈아.

.

4 있는 척 좀 하지 마.

.

5 내 입장이 난처해.

.

6 너무 오버하지 마.

.

7 그냥 그렇다고, 자꾸 따지지 마.

.

8 뭐 이런 놈이 다 있어?

?

9 애들은 싸우면서 크는 거야.

.

10 에고, 난 이제 죽었다.

.

원어민이 매일 쓰는 일상 표현 4강

B

step 1. Write the meaning in Korean.

1 With whose permission?

_____?

2 Why is my life like this?

_____?

3 I'll take care of my business.

_____.

4 Everything shows. You can't hide it.

_____.

5 You've got me.

_____.

6 Bottoms up!

_____!

7 Why? You fccl guilty?

_____?

8 He's a pain in the neck.

_____.

9 I was born for this.

_____.

10 Are you out of your mind?

_____?

step 2. Fill in the blanks.

1 누구 맘대로?

With whose   ?

2 왜 내 인생은 이 모양일까?

Why is my life   ?

3 내 일은 내가 다 알아서 할 거야.

I'll take care of   .

4 다 티 난다.

Everything shows. You can't   it.

5 너한테는 내가 있잖아.

You've   .

6 원 샷!

                                              up!

7 왜? 찔리니?

Why? You feel   ?

8 그는 골칫덩이야.

He's a pain in   .

9 난 이것에 타고난 체질이야.

I was   for this.

10 너 제정신이니?

Are you out of   ?

step 3. Write the sentence in English.

1 누구 맘대로?

?

2 왜 내 인생은 이 모양일까?

?

3 내 일은 내가 다 알아서 할 거야.

.

4 다 티 난다.

.

5 너한테는 내가 있잖아.

.

6 원 샷!

!

7 왜? 찔리니?

?

8 그는 골칫덩이야.

.

9 난 이것에 타고난 체질이야.

.

10 너 제정신이니?

?

원어민이 매일 쓰는 일상 표현 5강

step 1. Write the meaning in Korean.

1 You've got somebody behind you, huh?

                                                                  ?

2 Man. this isn't a joke!

   !

3 That boy is mine. He is on my list.

   .

4 What do you want me to do?

   ?

5 The love has died.

   .

6 Nobody can stop you.

   .

7 Shame on you.

   .

8 That place rocks!

   !

9 You didn't listen to me. Now look at you.

   .

10 Please have a heart, will you?

   ?

B

B. 원어민이 매일 쓰는 일상 표현

step 2. Fill in the blanks.

1 너 뭔가 믿는 구석이 있구나.
You've got somebody _____ you, huh?

2 이거 장난이 아닌데.
Man, this isn't _____!

3 저 애 내가 찍었어.
That boy is mine. He is on _____.

4 내가 어떻게 하기를 바라는 거야?
What do you _____ me to do?

5 사랑이 식었네.
The love has _____.

6 너는 아무도 못 말려.
Nobody can _____ you.

7 부끄러운 줄 알아라.
_____ on you.

8 거기 물 좋다.
That place _____!

9 말 안 듣더니 꼴좋다.
You didn't listen to me. Now _____.

10 한번 봐주세요.
Please have a _____, will you?

step 3. Write the sentence in English.

1 너 뭔가 믿는 구석이 있구나.

    ?

2 이거 장난이 아닌데.

    !

3 저 애 내가 찍었어.

    .

4 내가 어떻게 하기를 바라는 거야?

    ?

5 사랑이 식었네.

    .

6 너는 아무도 못 말려.

    .

7 부끄러운 줄 알아라.

    .

8 거기 물 좋다.

    !

9 말 안 듣더니 꼴좋다.

    .

10 한번 봐주세요.

    ?

네이티브 베스트 C

MEMO.

네이티브 베스트 1강

step 1. Write the meaning in Korean.

1 Are you hitting on me?

?

2 You will pay for it.

.

3 You are so cold blooded.

.

4 She is a big cheese.

.

5 Break a leg.

.

6 You are driving me crazy.

.

7 Who brings home the bacon?

?

8 couch potato.

.

9 Count me in.

.

10 Lunch is on me.

.

step 2. Write the sentence in English.

1   지금 저에게 작업 거는 건가요?

_____?

2   넌 대가를 치르게 될 거야.

_____.

3   당신은 너무 잔인해.

_____.

4   그녀는 거물이야.

_____.

5   행운을 빌어.

_____.

6   진짜 미치게 하는군.

_____.

7   누가 생계를 책임지니?

_____?

8   소파에 앉아 TV만 보는 게으른 사람.

_____.

9   나도 끼워줘.

_____.

10 점심은 내가 살게.

_____.

네이티브 베스트 2강

step 1. Write the meaning in Korean.

1 Don't even think about it.

2 Don't get me wrong.

3 Don't have a cow.

4 Don't be a chicken.

5 Don't push it.

6 He is dressed to kill.

7 Every Jack has his Jill.

8 Fifty- fifty.

9 First come, first served.

10 Freaking good.

C

step 2. Write the sentence in English.

1 꿈도 꾸지 마.

.

2 오해하지 마세요.

.

3 화 내지 마세요.

.

4 겁 내지 마세요.

.

5 강요하지 마.

.

6 그 남자 옷 죽이게 입었는걸.

.

7 짚신도 짝이 있다.

.

8 반반.

.

9 선착순.

.

10 정말 잘해.

.

네이티브 베스트 3강

step 1. Write the meaning in Korean.

1 Get out of my face.

                                                                                .

2 Get up on the wrong side of the bed.

    .

3 Give me a bite.

    .

4 Go down the drain.

    .

5 Let's go dutch.

    .

6 Have some more.

    .

7 Have you lost your mind?

    ?

8 He had a crush on me.

    .

9 Hook me up if there's a good person.

    .

10 I'll beat you.

    .

step 2. Write the sentence in English.

1 내 앞에서 사라져.

    .

2 꿈자리가 사납다.

    .

3 한 입만.

    .

4 쓸모없이 돼 버렸어.

    .

5 각자 계산하자.

    .

6 좀 더 먹어.

    .

7 제 정신이야?

    ?

8 그는 나한테 반했어.

    .

9 좋은 사람 있으면 소개해줘.

    .

10 널 이길 거야.

    .

네이티브 베스트 4강

step 1. Write the meaning in Korean.

1 How many in your party?

?

2 I am on cloud nine.

.

3 I am on my way.

.

4 I am with you.

.

5 I've got my eyes on you.

.

6 I am in.

.

7 I am in bad shape.

.

8 I caught a cold.

.

9 I cut class this morning.

.

10 I don't care.

.

step 2. Write the sentence in English.

1 일행이 몇 분이세요?

    ?

2 기분이 너무 좋아 날아갈 것 같아요.

    .

3 지금 가는 중이에요.

    .

4 당신 편이에요.

    .

5 지켜보겠어요.

    .

6 저도 낄래요.

    .

7 몸이 안 좋아요.

    .

8 감기에 걸렸어요.

    .

9 오늘 아침 수업 빠졌어요.

    .

10 상관 안 해요.

    .

네이티브 베스트 5강

step 1. Write the meaning in Korean.

1 I had enough.

2 I am bored to death.

3 I owe you this time.

4 It's been a long day.

5 It's never too late.

6 It's a catch 22.

7 Let it go.

8 It's about time.

9 Let me think about it.

10 Make up your mind.

step 2. Write the sentence in English.

1 충분해요. 그만하세요.

                                            .

2 지루해 죽겠어요.

                                            .

3 이번 일로 빚졌어요.

                                            .

4 힘든 날이었어요.

                                            .

5 결코 늦지 않았어요.

                                            .

6 진퇴양난이군요.

                                            .

7 잊어버리세요.

                                            .

8 시간이 다 되었어요.

                                            .

9 생각 좀 해 봅시다.

                                            .

10 결정을 하세요.

                                            .

네이티브 베스트 6강

step 1. Write the meaning in Korean.

1   Money talks.

2   Nothing personal.

3   It's on the house.

4   Over my dead body.

5   He's a slave driver.

6   That's beside the point.

7   The honeymoon is over.

8   This is my treat.

9   There is no way.

10 It was under the counter.

step 2. Write the sentence in English.

1 돈이면 다 해결돼.

        .

2 사적인 감정은 없어.

        .

3 공짜로 드리는 겁니다.

        .

4 내 눈에 흙이 들어가지 전에(안 돼).

        .

5 그는 엄청 부려먹어.

        .

6 그건 핵심을 벗어난 얘기잖아.

        .

7 좋은 시절 다 갔네.

        .

8 이건 내가 사는 거야.

        .

9 방법이 없어.

        .

10 은밀히 거래되는 거였어.

        .

네이티브 베스트 7강

step 1. Write the meaning in Korean.

1 Use your bean.

2 Way to go.

3 We've got the tail.

4 Break the ice.

5 What's cooking there?

?

6 Don't shoot the messenger*.

?

7 Live and learn.

8 You have it made.

9 You are a back seat driver.

10 Bite the bullet**.

---

* Don't shoot the scientist, Don't shoot the actor, Don't shoot the president 등 다양하게 응용 가능하다.

** Bite the bullet 총알이 몸에 박힌 사람이 총알을 물고 수술의 고통을 참는다는 데서 유래됐다.

step 2. Write the sentence in English.

1 머리를 좀 써라.

    .

2 잘 했어.

    .

3 미행이 따라 붙었어.

    .

4 서먹한 분위기를 깨라.

    .

5 뭔가 수상한데?

    ?

6 나한테 뭐라고 하지마.

    ?

7 오래 살다 보니 별꼴 다 본다. 경험으로 안다.

    .

8 너 해냈구나.

    .

9 너는 정말 참견장이야.

10 이를 악물고 참아라.

    .

네이티브 베스트 8강

step 1. Write the meaning in Korean.

1 She has all mouth.

2 It's a gift.

3 I am so impressed!

4 Dead man walking.

5 Scared hell.

6 Just tail her.

7 This is rock.

8 There might not be another choice.

9 Catch up.

10 Cover my ass.

step 2. Write the sentence in English.

1   그녀는 말만 해요.

        .

2   타고 난 거야.

        .

3   훌륭합니다.

        .

4   사형수가 사형 당하러 갈 때 간수가 하는 말.

        .

5   엄청 무섭네.

        .

6   단지 미행만 해.

        .

7   이거 대박 쩐다.

        .

8   다른 선택의 여지가 없을지도 모릅니다.

        .

9   따라잡아.

        .

10 엄호해줘.

        .

네이티브 베스트 9강

step 1. Write the meaning in Korean.

1 Stay out of my way.

    ·

2 So be it.

    ·

3 Don't die on me.

    ·

4 Watch your mouth.

    ·

5 Lead the way.

    ·

6 I'll be back in a flash.

    ·

7 John Doe. / Jane Doe.

    ·

8 I'm done with you.

    ·

9 Pork doesn't agree with me.

    ·

10 I'm all ears.

    ·

step 2. Write the sentence in English.

1 방해하지 마.

2 그러라지 뭐.

3 나를 두고 죽지 마.

4 말조심해.

5 안내하세요.

6 곧 돌아올게.

7 신원미상의 남 / 여

8 너랑 끝났어.

9 저는 돼지고기 못 먹어요.

10 잘 듣고 있어요.

네이티브 베스트 10강

step 1. Write the meaning in Korean.

1 Dead president.

                                                 .

2 The bottom line.

                                                 .

3 Hang in there.

                                                 .

4 You are history.

                                                 .

5 Take it easy.

                                                 .

6 That's not my trade.

                                                 .

7 That's new to me.

                                                 .

8 Cold case.

                                                 .

9 Dead man talking.

                                                 .

10 It seems to be on easy street.

                                                 .

C

step 2. Write the sentence in English.

1   미국 달러(돈).

        .

2   가장 중요한 정보.

        .

3   참아라.

        .

4   넌 끝장이야.

        .

5   진정해.

        .

6   내 18번이 아니야.

        .

7   금시초문이에요.

        .

8   미해결 사건.

        .

9   죽은 자의 메시지.

        .

10   꽃길을 걷는 것 같습니다.

        .

하버드 대학교 명언

D

step 1. 우리말로 써 보세요.

1 The today that you wasted is the tomorrow that a dying person wished to live.

2 Sleep now, you will be dreaming, study now, you will be achieving your dream.

3 When you think you are slow, you are faster than ever.

4 Don't postpone today's work to tomorrow.

5 The pain of study is only for a moment, but the pain of not having studied is forever

6 In study, it's not the lack of time, but lack of effort.

D

7 The time never stops.

8 Study is not everything in life, but if you are unable to conquer study that's only a part of life, what can you be able to achieve in life?

9 You might as well enjoy the pain that you can not avoid.

10 To taste success, you shall be earlier and more diligent.

11 No pains No gains.

12 Dream is just in front of you. Why not stretch your arm.

13 Never, Never, Never give up.

step 2. 영어로 써 보세요.

1 내가 헛되이 보낸 오늘은 어제 죽은 이가 갈망하던 내일이다.

2 지금 잠을 자면 꿈을 꾸지만 지금 공부하면 꿈을 이룬다.

3 늦었다고 생각했을 때가 가장 빠른 때다.

4 오늘 할 일을 내일로 미루지 마라.

5　공부할 때의 고통은 잠깐이지만 못 배운 고통은 평생이다.

6　공부는 시간이 부족한 것이 아니라 노력이 부족한 것이다.

7　시간은 간다.

8　공부가 인생의 진부는 아니다. 그러나 인생의 진부도 아닌 공부 하나도 정복하지 못한다면 과연 무슨 일을 할 수 있겠는가?

9 피할 수 없는 고통은 즐겨라.

10 남보다 더 일찍 더 부지런히 노력해야 성공을 맛볼 수 있다.

D

11 고통이 없으면 얻는 것도 없다.

12 꿈이 바로 앞에 있는데 당신은 왜 팔을 뻗지 않는가?

13 절대, 절대, 절대 포기하지 마라.

MEMO.

독해연습

E

독해연습 1강

Many people think of what might happen in the future based on past failures and get trapped by them.

For example, if you have failed in a certain area before, when faced with the same situation, you anticipate what might happen in the future, and this fear traps you in yesterday.

Do not base your decision on what yesterday was.
Your future is not your past and you have a better future.

You must decide to forget and let go of your past.
Your past experiences are the thief of today's dreams only when you allow them to control you.

E

---

step 1, step 2의 단어 공부를 먼저하고 독해를 해도 됩니다.

step 1. Fill in the blanks.

	영어	의미	영어	영어
1	trap	함정, 덫		
2	for example	예를 들어		
3	face	얼굴, 직면하다		
4	anticipate	예감하다		
5	fear	두려움		
6	decision	결심, 결정		
7	decide	결정하다		
8	experience	경험		
9	allow	허락하다		
10	future	미래		

E

step 2. Fill in the blanks.

	의미	영어	영어	영어
1	함정, 덫			
2	예를 들어			
3	얼굴, 직면하다			
4	예감하다			
5	두려움			
6	결심, 결정			
7	결정하다			
8	경험			
9	허락하다			
10	미래			

step 3. Korean translation.

많은 사람들이 과거의 실패들에 근거하여 미래에 일어날 수 있는 일들에 대해 고려한다. 그리고 그것에 의해 발목을 잡힌다.

예를 들어서, 당신이 전에 어떠한 영역에서 실패를 했다면, 같은 상황에 직면 했을 때, 두려움에 갇혀 당신은 어떤 일이 일어날지 예상한다.

당신의 결정을 과거의 것에 근거하지 말라.
당신의 미래는 당신의 과거가 아니며, 더 나은 미래를 가진다.

당신은 과거를 잊고 떠나보내야 할 결정을 해야 한다.
당신이 통제하는 걸 허용했을 때, 당신의 과거의 경험들은 당신의 꿈의 도둑이다.

E

독해연습 2강

When you find a professor with a good reputation for teaching, remember that you are this person's main incentive for teaching.

Such outstanding professors in the academic scene must get their emotional rewards from their interaction with students.

You can become a rewarding person for your professors.

Giving emotional support is also important in the case of poor teacher because, despite the irrelevance of student to career.

It is still pretty unpleasant to get up 12 hours a week in front of an obviously uninterested audience.

So, even the poor teacher is grateful for a supportive student.

It goes without saying that the supportive student will be rewarded with personal attention and even, perhaps, friendship will often get a better deal when grading time comes around.

step 1. Fill in the blanks.

	영어	의미	영어	영어
1	professor	교수		
2	reputation	평판, 명성		
3	incentive	장려하는		
4	outstanding	뛰어난		
5	academic	대학의, 학원의		
6	emotional	감정의		
7	in spite of	불구하고		
8	irrelevance	부적절		
9	opinion	의견		
10	grateful	고마워하는, 기분이 좋은		
11	attention	주의, 배려		
12	supportive	지지가 되는		
13	friendship	우정, 친선		
14	personal	개인적인		

step 2. Fill in the blanks.

	의미	영어	영어	영어
1	교수			
2	평판, 명성			
3	장려하는			
4	뛰어난			
5	대학의, 학원의			
6	감정의			
7	불구하고			
8	부적절			
9	의견			
10	고마워하는, 기분이 좋은			
11	주의, 배려			
12	지지가 되는			
13	우정, 친선			
14	개인적인			

step 3. Korean translation.

만약 당신이 잘 가르친다고 평가받는 교수를 찾는다면, 당신이 그 교수한테 가르치는 동기부여를 할 수 있는 사람이라는 것을 명심하라.

대학 현장에서 이처럼 뛰어난 교수들은 학생들과의 상호 작용에서 정서적 보상을 받아야 한다.

당신은 교수들에게 이러한 감정적 지지를 주는 사람이 될 수 있다.

감정적인 지지를 해 주는 것은 학생들의 의견에도 불구하고 가르치는 데 뛰어나지 않은 선생님에게서도 중요하다.

매 주 12시간씩 서서 배우는 데 관심이 없는 학생들 앞에서 강의를 한다는 것은 여전히 힘든 일이다.

그래서 경험이 부족한 교사더라도 지지해 주는 학생에게는 고마움을 느낀다.

지지를 해 주는 학생은 개인적 관심으로 보상받는 것은 말할 필요도 없을 뿐 아니라, 심지어 아마도 친선을 점수를 매길 때가 오면 종종 더 나은 대접을 받을 것이다.

독해연습 3강

Sometimes, you feel the need to avoid something that will lead to success out of discomfort. Maybe you are avoiding extra work because you are tired.

You are actively shutting out success because you want to avoid being uncomfortable.

Therefore, overcoming your instinct to avoid uncomfortable things at first is essential.

Try doing new things outside of your comfort zone.

Change is always uncomfortable, but it is key to doing things differently in order to find that magical formula for success.

E

step 1. Fill in the blanks.

	영어	의미	영어	영어
1	avoid	피하다		
2	discomfort	불쾌, 불안		
3	instinct	본능, 육감		
4	essential	필수의, 근본의		
5	formula	공식		
6	in order to	~ 하기 위하여		

step 2. Fill in the blanks.

	의미	영어	영어	영어
1	피하다			
2	불쾌, 불안			
3	본능, 육감			
4	필수의, 근본의			
5	공식			
6	~ 하기 위하여			

step 3. Korean translation.

때때로, 여러분은 불편함을 넘어 성공으로 이끄는 무언가를 피해야 할 필요성을 느낀다. 아마도 당신은 피곤하기 때문에 추가적으로 일하는 것을 피할지도 모른다.

당신은 불편함을 피하고 싶기 때문에 성공을 능동적으로 차단하고 있다.

그러므로 불편함을 피하는 본능을 극복하는 것은 처음에는 모든 것이 필수적이다.

여러분의 편안한 영역 밖에서 새로운 것을 해 보아라.

변화는 항상 불편하지만, 그것은 성공을 위한 마법의 공식을 찾기 위해 다르게 하는 열쇠다.

Never Give Up!

It happened at a graduation ceremony at Oxford University.

A famous man stood on the platform to speak.

Lots of students were staring at him.

After a while, he started his speech.

"Don't give up! Never give up!" he said, and he stepped down from the platform.

It was a short speech, but it was very touching.

The man was Winston Churchill, the prime minister of England.

E

step 1. Fill in the blanks.

	영어	의미	영어	영어
1	graduation	졸업, 졸업식		
2	ceremony	의식		
3	university	대학교		
4	famous	유명한		
5	platform	연단, 교단		
6	prime	첫째의, 가장 중요한		

step 2. Fill in the blanks.

	의미	영어	영어	영어
1	졸업, 졸업식			
2	의식			
3	대학교			
4	유명한			
5	연단, 교단			
6	첫째의, 가장 중요한			

step 3. Korean translation.

절대 포기하지 마세요!

옥스퍼드 대학교 졸업식에서 있었던 일이다.

한 유명인이 연설을 하기 위해 연단에 섰다.

많은 학생들이 그를 응시하고 있었다.

잠시 후, 그 남자는 연설하기 시작했다.

"포기하지 마세요! 절대 포기하지 마세요!"라고 말하고 그는 연단을 내려갔다.

그것은 짧은 연설이었지만 매우 감동적이었다.

그 남자는 영국의 수상 윈스턴 처칠이었다.

E

독해연습 5강

The modern world is so interconnected and constantly plugged in that finding the time and space to think can be difficult.

However, without freedom from the influence and distractions of the world, it is virtually impossible to develop well-reasoned opinions, ideas, and values.

History shows a lot of examples of the transcendent power of solitude.

Darwin took long walks without company and firmly turned down dinner party invitations. Moses spent time alone in the desert. Jesus wandered the wilderness. Mohammed sat in the cave. Buddha went to the mountaintop.

Find your own mountaintop and don't come down without your own thoughts, opinions, and values.

step 1. Fill in the blanks.

	영어	의미	영어	영어
1	transcendent	초월적인		
2	interconnected	서로 연결된		
3	distraction	주의를 산만하게 하는 것		
4	company	동행, 동반		
5	wander	방랑하다		
6	plugged in	관계를 맺고 있는		
7	virtually	사실상, 거의, 가상으로		
8	firmly	단호히		
9	wilderness	황야		
10	influence	영향력		
11	well-reasoned	논리 정연한		
12	invitation	초대		
13	mountaintop	산꼭대기		
14	solitude	외로움, 고독		

E

step 2. Fill in the blanks.

	의미	영어	영어	영어
1	초월적인			
2	서로 연결된			
3	주의를 산만 하게 하는 것			
4	동행, 동반			
5	방랑하다			
6	관계를 맺고 있는			
7	사실상, 거의, 가상으로			
8	단호히			
9	황야			
10	영향력			
11	논리 정연한			
12	초대			
13	산꼭대기			
14	외로움, 고독			

step 3. Korean translation.

현대 세계는 서로 아주 많이 연결되어 있고 끊임없이 관계를 맺고 있어서, 생각할 시간과 장소를 찾는 것이 어려울 수 있다.

그러나 세상의 영향력과 주의를 산만하게 하는 것들로부터 자유로워지지 않으면 논리 정연한 의견, 생각 및 가치관을 발전시키는 것은 거의 불가능하다.

역사는 고독의 초월적인 힘을 보여주는 예들로 가득하다.

다윈은 동행 없이 긴 산책을 했고 저녁 파티 초대를 단호하게 거절했다. 모세는 사막에서 혼자 시간을 보냈다. 예수는 광야를 방랑했다. 모하메드는 동굴에 앉아 있었다. 붓다는 산꼭대기로 갔다.

자신의 산꼭대기를 찾아서 자신의 생각, 의견 및 가치관을 찾지 않고는 내려오지 말라.

E

독해연습 6강

What's happening when we're actually doing two things at once?

It's simple. Our brain has channels, and so we're able to process different kinds of data in different parts of our brain.

Therefore you can talk and walk at the same time. There is no channel interference. But you're not really focused on both activities.

One is happening in the foreground and the other in the background in your brain.

If you were trying to explain on the cell phone how to operate a complex machine, you'd stop walking.

Similarly, if you were crossing a rope bridge over a valley, you'd likely stop talking.

You can do two things at once, but you can't focus effectively on two things at once.

step 1. Fill in the blanks.

	영어	의미	영어	영어
1	at once	동시에		
2	interference	간섭		
3	process	처리하다		
4	foreground	전면		
5	operate	작동하다		
6	background	후면		
7	complex	복잡한		
8	therefore	그러므로		
9	both	양쪽의, 쌍방의		
10	grateful	고마워하는, 기분이 좋은		
11	similarly	유사하게		
12	valley	골짜기, 계곡		
13	effectively	효과적으로		
14	focus	집중, 집중하다		

step 2. Fill in the blanks.

	의미	영어	영어	영어
1	동시에			
2	간섭			
3	처리하다			
4	전면			
5	작동하다			
6	후면			
7	복잡한			
8	그러므로			
9	양쪽의, 쌍방의			
10	고미위히는, 기분이 좋은			
11	유사하게			
12	골짜기, 계곡			
13	효과적으로			
14	집중, 집중하다			

step 3. Korean translation.

우리가 실제로 두 가지 일을 동시에 하고 있을 때 무슨 일이 일어나고 있을까?

그것은 간단하다. 우리의 뇌에는 채널이 있어서 우리는 뇌의 다른 부분에서 다른 종류의 데이터를 처리할 수 있다.

그러므로 말을 하면서 동시에 걸을 수가 있다. 채널 간섭이 전혀 없다. 하지만 두 가지 활동에 다 진정으로 집중하지는 못한다.

한 가지 활동은 뇌의 전면에서 일어나고 있고 또 다른 활동은 뇌의 후면에서 일어나고 있다.

만약 당신이 복잡한 기계를 작동하는 방법을 휴대전화로 설명하려고 시도하고 있다면 여러분은 걸음을 멈출 것이다.

마찬가지로, 만약 당신이 계곡 위의 밧줄 다리를 건너고 있다면 아마 말하는 것을 멈출 것이다.

두 가지 일을 동시에 할 수는 있지만, 두 가지 일에 동시에 효과적으로 집중할 수는 없다.

독해연습 7강

In most people, emotions are situational. Something in the here and now makes you mad. The emotion itself is tied to the situation in which it originates.

As long as you remain in that emotional situation, you're likely to stay angry.

If you leave the situation, the opposite is true. The emotion begins to disappear as soon as you move away from the situation.

Moving away from the situation prevents it from taking hold of you.

Counselors often advise clients to get some emotional distance from whatever is bothering them.

One easy way to do that is to geographically separate yourself from the source of your anger.

step 1. Fill in the blanks.

	영어	의미	영어	영어
1	situational	상황적인, 상황의		
2	geographically	지리적으로		
3	as long as	하는 동안		
4	separate	떼어 놓다, 분리하다		
5	take hold of	제어하다, 붙잡다		
6	opposite	정반대의		
7	here and now	현 시점, 현재		
8	counselor	상담전문가		
9	originate	일어나다, 생기다		
10	client	의뢰인, 고객		
11	move away from	~에서 벗어나다		
12	prevent	방해하다		
13	emotional	감정적인		
14	distance	거리		

step 2. Fill in the blanks.

	의미	영어	영어	영어
1	상황적인, 상황의			
2	지리적으로			
3	하는 동안			
4	떼어 놓다, 분리하다			
5	제어하다, 붙잡다			
6	정반대의			
7	현 시점, 현재			
8	상담전문가			
9	일어나다, 생기다			
10	의뢰인, 고객			
11	~에서 벗어나다			
12	방해하다			
13	감정적인			
14	거리			

step 3. Korean translation.

대부분의 사람에게 있어 감정은 상황적이다. 현 시점의 뭔가가 여러분을 화나게 한다. 그 감정 자체는 그것이 일어나는 상황과 연결되어 있다.

당신이 그 감정의 상황 속에 남아 있는 동안은 화가 난 상태에 머물기 쉽다.

그 상황을 떠나면 정반대가 사실이 된다. 그 상황에서 벗어나자마자 그 감정은 사라지기 시작한다.

그 상황에서 벗어나게 되면 그것(상황)은 여러분을 제어하지 못한다.

상담전문가는 고객에게 그들을 괴롭히고 있는 그 어떤 것과도 약간의 감정적 거리를 두라고 자주 충고한다.

그것을 하는 한 가지 쉬운 방법은 화의 근원으로부터 자신을 지리적으로 떼어 놓는 것이다.

독해연습 8강

March for the beloved

We will leave no honours, no love, no fame.

We promised to keep working on,

(As) long as we shall live.

Dear comrades have gone

our flag still waves.

While (we are) working for days to come,

we will not be swayed.

Streams and mountains remember,

though the years pass by.

Waken'd spirits are calling us,

as they shout this cry.

We are marching on,

keep faith and follow us.

We are marching on

keep faith and follow us.

step 1. Fill in the blanks.

	영어	의미	영어	영어
1	march	행진, 행진하다		
2	beloved	사랑하는 사람		
3	honour	명예, 영광		
4	fame	명성, 명예		
5	comrade	동료, 동지		
6	flag	깃발		
7	sway	흔들리다		
8	stream	시내, 흐르다		
9	spirit	정신, 영혼		
10	faith	신념		

E

step 2. Fill in the blanks.

	의미	영어	영어	영어
1	행진, 행진하다			
2	사랑하는 사람			
3	명예, 영광			
4	명성, 명예			
5	동료, 동지			
6	깃발			
7	흔들리다			
8	시내, 흐르다			
9	정신, 영혼			
10	신념			

step 3. Korean translation.

임을 위한 행진곡*

사랑도 명예도 이름도 남김없이

한 평생 나가자던 뜨거운 맹세

동지는 간 데 없고 깃발만 나부껴

새 날이 올 때까지 흔들리지 말자

세월은 흘러가도 산천은 안다

깨어나서 외치는 뜨거운 함성

앞서서 나가니 산 자여 따르라

앞서서 나가니 산 자여 따르라.

E

---

* 1981년 만들어진 대한민국의 민중가요로, 소설가 황석영이 시민사회운동가 백기완의 옥중지 〈묏비나리〉의 일부를 차용해 가사를 썼고, 당시 전남대 학생이던 김종률 씨가 작곡했다. '묏비나리'는 1979년 YWCA위장결혼식 사건의 주모자로 수감된 백기완 소장이 서울 서대문구치소에서 쓴 15장의 장편시다. 1980년 5·18 광주민주화운동 당시 시민군 대변인으로 활동하다 계엄군에 의해 희생된 고 윤상원 씨와 1979년 광주의 노동 현장에서 '들불야학'을 운영하다 사망한 노동운동가 고 박기순 씨의 영혼결혼식(1981년)에 헌정된 노래다(네이버 지식백과).

독해연습 9강

Do you hear the people sing?

Do you hear the people sing?
Singing a song of angry men?
It is the music of a people
Who will not be slaves again

When the beating of your heart
Echoes the beating of the drums
There is a life about to start
When tomorrow comes

Will you join in our crusade?
Who will be strong and stand with me?
Beyond the barricade
Is there a world you long to see?
Then join in the fight
That will give you the right to be free

Do you hear the people sing?
Singing a song of angry men?
It is the music of a people
Who will not be slaves again
When the beating of your heart

Echoes the beating of the drums
There is a life about to start
When tomorrow comes

Will you give all you can give
So that our banner may advance
Some will fall and some will live
Will you stand up and take your chance?
The blood of the martyrs
Will water the meadows of France

Do you hear the people sing?
Singing a song of angry men?
It is the music of a people
Who will not be slaves again

When the beating of your heart
Echoes the beating of the drums
There is a life about to start
When tomorrow comes

step 1. Fill in the blanks.

	영어	의미	영어	영어
1	slave	노예, 노예의, 노예같이 혹사당하다		
2	crusade	십자군, 강력한 개혁운동		
3	banner	깃발		
4	martyr	순교자		
5	meadow	풀밭, 목초지		
6	advance	앞으로 나가다		

step 2. Fill in the blanks.

	의미	영어	영어	영어
1	노예, 노예의, 노예같이 혹사당하다			
2	십자군, 강력한 개혁운동			
3	깃발			
4	순교자			
5	풀밭, 목초지			
6	앞으로 나가다			

step 3. Korean translation.

민중의 노랫소리가 들리는가?
분노한 대중의 노래가 들리는가?
이것은 다시는 노예가 않겠다는
민중의 노래이다.

그대 가슴의 울림이
북소리가 되어 퍼질 때,
내일이 밝아 오고,
새로운 시작이 있을 것이다.

우리와 함께 하겠는가.
굳건히 나와 함께 할 자여,
장애물을 넘어
당신이 꿈꾸던 세상이 있는가?
이 싸움에 함께 하자.

민중의 노랫소리가 들리는가?
분노한 대중의 노래가 들리는가?
이것은 다시는 노예가 않겠다는
민중의 노래이다.

그대 가슴의 울림이
북소리가 되어 퍼질 때
내일이 밝아 오고,
새로운 시작이 있을 것이다.

E

당신의 모든 것을 주어서
우리의 깃발이 앞으로 나갈 수 있게 할수 있는가
누군가는 쓰러지고 누군가는 살겠지만
일어서서 그 기회를 잡을 것인가
순교자들의 피는
프랑스의 평원을 덮을 것이다.

민중의 노래 소리가 들리는가?
분노한 대중의 노래가 들리는가
이것은 다시는 노예가 않겠다는
민중의 노래이다.

그대 가슴의 울림이
북소리가 되어 퍼질 때
내일이 밝아 오고,
새로운 시작이 있을 것이다.

영화 〈레미제라블〉 중

독해연습 10강

When I was 17, I discovered a surprising thing. My dad and I were sitting on the floor of his study. We were organizing his old papers. Across the carpet I saw a fat paper clip. Its rust dusted the cover sheet of a report of some kind. I picked it up. I started to read. Then I started to cry.

It was a speech he had written in 1920, in Tennessee. Then only 17 himself and graduating from high school, he had called for equality for African Americans. I marvelled, proud of him, and wondered how, in 1920, so young, so white, and in the deep South, where the law still separated black from white, he had the courage to deliver it. I asked him about it.

"Daddy," I said and handed him the pages, "How did you ever get permission to give it? And weren't you scared?" "Well, honey," he said, "I didn't ask for permission. I just asked myself, 'What is the most important challenge facing my generation?' I knew immediately. Then I asked myself, 'And if I weren't afraid, what would I say about it in this speech?

"I wrote it. And I delivered it. About half way through I looked out to see the entire audience of teachers, students, and parents stand up- and walk out. Left alone on the stage, I thought to myself, 'Well, I guess I need to be sure to do only two things with my life: keep thinking for myself, and not get killed.' He handed the speech back to me, and smiled. "You seem to have done both," I said.

E

step 1. Fill in the blanks.

	영어	의미	영어	영어
1	rust	녹		
2	equality	평등		
3	marvel	경이로운 일, 놀라다		
4	deliver	배달하다, 전달하다, 연설하다		
5	scare	무섭게 하다		
6	permission	허락		
7	generation	세대		
8	challenge	도전		
9	immediately	즉시		
10	entire	전체		
11	audience	청중		
12	keep thinking	계속 생각하다		
13	study	공부, 연구, 서재		
14	hand	손, 건네주다		

step 2. Fill in the blanks.

	의미	영어	영어	영어
1	녹			
2	평등			
3	경이로운 일, 놀라다			
4	배달하다, 전달하다, 연설하다			
5	무섭게 하다			
6	허락			
7	세대			
8	도전			
9	즉시			
10	전체			
11	청중			
12	계속 생각하다			
13	공부, 연구, 서재			
14	손, 건네주다			

step 3. Korean translation.

17살 때 나는 놀라운 물건을 발견했다. 아버지와 나는 서재 바닥에 앉아 있었다. 우리는 그의 오래된 서류들을 정리하고 있었다. 나는 카펫 너머에 있는 두꺼운 종이 클립을 보았다. 그것의 녹이 어떤 종류의 보고서의 표지 겉장 부분을 더럽혔다. 나는 그것을 집어 들었다. 나는 읽기 시작했다. 그리고 나서 나는 울기 시작했다.

그것은 1920년 Tennessee 주에서 아버지가 썼던 연설문이었다. 아버지는 그 당시 단지 17살에 고등학교를 졸업했을 뿐인데 아프리카계 미국인들을 위한 평등을 요구하였다. 아버지를 자랑스럽게 여기면서 나는 놀라워했고, 1920년에 법으로 백인과 흑인을 여전히 분리시키고 있었던 최남부 지역에서 그렇게 어리고 백인이었던 그가 어떻게 그 연설을 할 용기를 가지고 있었는지 궁금했다. 나는 그에게 그것에 관해 물어봤다.

아버지에게 서류를 건네 드리며 "아빠, 이 연설, 어떻게 이것을 하도록 허락을 받으셨나요? 두렵지 않으셨나요?"라고 말했다. "얘야" 그가 말했다. "난 허락을 구하지 않았단다. 단지 '우리 세대가 직면하고 있는 가장 중요한 도전 과제는 무엇인가?'라고 나 자신에게 물어보았지. 난 즉시 알았어. 그 뒤 내가 두려워하지 않는다면, 이 연설에서 이것에 대해 무엇을 말할까?'라고 나는 스스로에게 물었지."

"난 글을 썼어. 그리고 연설을 했지. 대략 반쯤 연설을 했을 때 선생님, 학생, 학부모로 이루어진 전체 청중이 일어나더니 나가 버리는 것을 바라보았어. 무대에 홀로 남겨진 채 '그래, 내 인생에서 두 가지만 확실히 해내면 될 것 같아. 계속 스스로 생각하는 것과 죽임을 당하지 않는 것'이라고 나는 마음속으로 생각했어." 아버지는 연설문을 나에게 돌려주며 미소 지으셨다. "아버지는 그 두 가지 모두를 해내신 것처럼 보이네요"라고 나는 말했다.

독해연습 11강

Time Tested Beauty Tips*

Sam Levenson

For attractive lips, speak words of kindness.

For lovely eyes, seek out the good in people.

For a slim figure, share your food with the hungry.

For beautiful hair, let a child run his fingers through it once a day.

For poise, walk with the knowledge you'll never walk alone...

People, even more than things, have to be restored, renewed, revived, reclaimed, and redeemed and redeemed and redeemed.

Never throw out anybody. Remember, if you ever need a helping hand, you'll find one at the end of your arm.

As you grow older you will discover that you have two hands. One for helping yourself, the other for helping others.

---

* 명배우인 오드리 햅번(Audrey Hepburn, 1929-93)이 지상에서 보낸 마지막 크리스마스에서 그녀의 아이들에게 읽어 준 시로 유명하다. 이 시는 Sam Levenson(1911-80)이 시집《In one Era and out the other》에 실린 시중 일부다. https://en.wikipedia.org/wiki/Sam_Levenson

step 1. Fill in the blanks.

	영어	의미	영어	영어
1	attractive	매력적인		
2	lovely	사랑스러운		
3	slim	날씬한		
4	figure	몸매, 형태		
5	the hungry	배고픈 사람들		
6	knowledge	지식		
7	restored	회복시키다		
8	renewed	새로워지다		
9	revived	소생시키다		
10	reclaimed	복구되다, 환원되다		
11	redeemed	구원하다		
12	discover	발견하다		
13	remember	명심하다		
14	share	나누다		

step 2. Fill in the blanks.

	영어	의미	영어	영어
1	매력적인			
2	사랑스러운			
3	날씬한			
4	몸매, 형태			
5	배고픈 사람들			
6	지식			
7	회복시키다			
8	새로워지다			
9	소생시키다			
10	복구되다, 환원되다			
11	구원하다			
12	발견하다			
13	명심하다			
14	나누다			

E

step 3. Korean translation.

아름다움의 비결

매력적인 입술을 갖고 싶으면 친절하게 말하십시오.

사랑스러운 눈을 갖고 싶으면 사람들에게서 좋은 점을 보십시오.

날씬한 몸매를 갖고 싶으면 배고픈 사람들과 음식을 나누십시오.

아름다운 머릿결을 원한다면 하루에 한 번 어린아이에게 그대의 머리칼을 어루만지도록 하십시오.

아름다운 자태를 가지고 싶으면 그대가 결코 혼자가 아님을 기억하며 걸어가십시오.

무엇보다 소중한 존재인 인간은 회복되어야 하고, 새로워져야 하며, 소생되고, 교화되며, 구원받아야 합니다.

결코 그 누구도 버려져서는 안 됩니다. 그대에게 도움의 손길이 필요할 때 당신의 팔 끝에 손이 달려 있다는 것을 기억하십시오.

그대가 나이를 먹어 감에 따라 당신은 두 개의 손이 있다는 것을 알게 될 것입니다. 한 손은 그대 자신을 도와주는 손이고, 다른 한 손은 다른 사람들을 도와주기 위한 손입니다.

독해연습 12강

We shall overcome*

1. We shall overcome
   We shall overcome
   We shall overcome some day
   Oh deep in my heart
   I do believe
   We shall overcome some day

2. We'll walk hand in hand
   We'll walk hand in hand
   We'll walk hand in hand some day
   Oh deep in my heart
   I do believe
   We shall overcome some day

3. Truth will make us free
   Truth will make us free
   Truth will make us free some day

....

* 원래는 찬송가로서 불렸지만 1963년 8월 23일에 마틴 루터 킹 목사가 'I have a dream'을 연설을 했던 워싱턴 대 행진에서 포크 가수 조엔 바에즈(Joan Baez)가 부르던 곡을 20만이 넘는 군중이 따라 부른 것으로 유명해져 미국 인권운동의 성가로 자리 잡게 되었다. 우리 나라에서는 '우리 승리하리라'라는 곡으로 번안하여 널리 불리고 있다(네이버 지식백과).

Oh deep in my heart

I do believe

We shall overcome some day

4. We are not afraid

We are not afraid

We are not afraid today

Oh deep in my heart

I do believe

We shall overcome some day

5. We shall overcome

We shall overcome

We shall overcome some day

Oh deep in my heart

I do believe

We shall overcome some day

E

step 1. Fill in the blanks.

	영어	의미	영어	영어
1	overcome	이기다, 극복하다		
2	truth	진리		
3	afraid	두려워하는		
4	deep	깊은		
5	believe	믿다		

step 2. Fill in the blanks.

	의미	영어	영어	영어
1	이기다, 극복하다			
2	진리			
3	두려워하는			
4	깊은			
5	믿다			

E

step 3. Korean translation.

우리 승리하리라

1. 우리 승리하리라
   우리 승리하리라
   우리 승리하리 그날에
   오오 참맘으로
   나는 믿네
   우리 승리하리라

2. 손에 손을 잡고
   손에 손을 잡고
   손에 손을 잡고 나가자
   오오 참맘으로
   나는 믿네
   우리 승리하리라

3. 진리가 우리를 자유롭게 하리
   진리가 우리를 자유롭게 하리
   진리가 우리를 자유롭게 하리 언젠가
   오오 참맘으로
   나는 믿네
   우리 승리하리라

4. 두려움이 없네
   두려움이 없네
   두려움이 없네 오늘

오오 참맘으로
나는 믿네
우리 승리하리라

5. 우리 승리하리라
　우리 승리하리라
　우리 승리하리 그날에
　오오 참맘으로
　나는 믿네
　우리 승리하리라

E

MEMO.

MEMO.

한 단어 쏙쏙 잉글리시 F

MEMO.

한 단어 쏙쏙 잉글리시 1강

step 1. Fill in the blanks.

	영어	의미	영어
1	breadwinner		

She is a breadwinner. 그녀는 가장이다.

2	lemon		

My car is a lemon. 내 차는 고물이야.

3	cold turkey		

I used to drink but quit cold turkey.
나는 전에 술을 마시곤 했으나 지금은 단번에 끊었다.

4	airhead		

You are such an airhead! 정신차려!

5	ladder		

move up or down the social ladder. 사회적 지위가 오르내리다.

6	chip in		

Let's chip in. 각자 푼돈을 모읍시다.

7	burn bridges		

Burn your bridge. 배수진을 쳐라.

8	must see		

You must see the play. 그 연극을 봐야만 해.

9	buckle down		

It's time to buckle down(up). 전력투구할 때야.

10	good deal		

It's a good deal. 싼 가격이다.

F

step 2. Fill in the blanks.

	의미	영어	영어
1	생계를 책임지는 사람		
2	결함 있는		
3	갑작스런 중단		
4	머리가 나쁜		
5	승진하기		
6	푼돈을 모으다		
7	배수진을 치다		
8	반드시 봐야 하는		
9	전력투구하다		
10	싼 가격		

F

한 단어 쏙쏙 잉글리시 2강

step 1. Fill in the blanks.

	영어	의미	영어
1	Joe six-pack		

I'm just ordinary like Joe six-pack. 난 평범한 일반인이야.

2	birthday suit		

I am in my birthday suit. 나 알몸이야.

3	bite the bullet		

I had to bite the bullet even it's rotten job. 힘들더라도 참아야 해.

4	cloud nine		

I'm on cloud nine all day long. 기분이 너무 좋아.

5	hot potato		

It can be a hot potato. 그건 난감한 문제가 될 수 있어.

6	big cheese		

She's the big cheese. 그녀는 거물이야.

7	big mouth		

He has a big mouth. 그는 수다쟁이야.

8	hard nosed		

He is a hard-nosed journalist. 그는 냉철한 언론인이다.

9	all thumbs		

He's all thumbs. 그는 재주가 없다.

10	chicken feed		

He works for chicken feed. 그는 푼돈을 받으며 일한다.

step 2. Fill in the blanks.

	의미	영어	영어
1	평범한 사람		
2	알몸		
3	어려움을 극복하다		
4	아주 기분이 좋은		
5	곤란한 문제		
6	거물, 인물		
7	수다쟁이		
8	고집 센, 냉철한		
9	재주가 없는		
10	약간의 돈, 푼돈		

F

한 단어 쏙쏙 잉글리시 3강

step 1. Fill in the blanks.

	영어	의미	영어
1	black out		

You got blacked out last night. 너 지난 밤에 필름 끊겼어.

2	John Hancock		

Put your John Hancock right here. 여기에 서명하세요.

3	peach		

She is a real peach. 그녀는 아주 멋지다.

4	jaywalk		

Don't jaywalk. 무단횡단하지 마세요.

5	Sin city		

Sin city means Las Vegas. Sin city는 라스베이거스다.

6	bonehead		

Don't be a bonehead. 멍청한 짓 그만둬.

7	Big Apple		

Around the big Apple. 뉴욕시 주변

8	wingman		

I will be a good wingman for you. 내가 너를 위해 바람잡이 해 줄게.

9	phony		

The confession is a phony. 그 고백은 가짜예요.

10	brand new		

She bought her car brand new. 그녀는 완전 신상 차를 샀다.

F

step 2. Fill in the blanks.

	의미	영어	영어
1	기절하다, 필름 끊기다		
2	자필서명		
3	아주 좋은		
4	무단횡단하다		
5	라스베이거스		
6	멍청한 사람		
7	뉴욕시		
8	바람잡이		
9	가짜		
10	새 제품(신상)		

F

한 단어 쏙쏙 잉글리시 4강

step 1. Fill in the blanks.

	영어	의미	영어
1	green Christmas		

This year will be green Christmas. 올해 크리스마스에는 눈이 오지 않을 것이다.

2	sweetheart		

Goodbye, sweetheart! 잘가, 자기야.

3	macho		

macho man. 상남자

4	seventh heaven		

I am in seventh heaven. 저는 기분이 너무 좋습니다.

5	You rule		

You rule. 네가 짱이다.

6	old school		

I went back to visit my old school. 나는 옛날 학교를 방문하러 다시 갔다.

F

7	xerox		

Could you xerox this letter, please? 편지 복사해 주시겠어요?

8	chill out		

Chill out, man. 진정해.

9	Monday blue		

I have a Monday blue. 나 월요병 걸렸어.

10	long shot		

It's a long shot. 가능성이 낮다.

step 2. Fill in the blanks.

	의미	영어	영어
1	눈이 오지 않는 크리스마스		
2	사랑스러운 사람		
3	근육질 남자		
4	기분이 환상적인		
5	네가 짱이다.		
6	오래된 것		
7	복사하다		
8	진정해		
9	월요병		
10	불확실한 일		

F

영어 속담 G

영어 속담 1강

step 1. Write the meaning in Korean.

1 The grass is always greener on the other side of the fence.

.

2 Don't put all your eggs in one basket.

.

3 You can't judge a book by its cover.

.

4 When in Rome, do as the Romans.

.

5 A barking dog never bites.

.

6 A good medicine tastes bitter.

.

7 A burnt child dreads the fire.

.

8 Walls have ears.

.

9 The more, the better.

.

10 A bad workman blames his tools.

.

step 2. Fill in the blanks.

1 남의 떡이 더 커 보인다.

The grass is always   on the other side of the fence.

2 한 가지 사업에 모든 걸 걸지 말라.

Don't   all your eggs   one basket.

3 겉만 보고 판단하지 말라.

You can't   a book by its cover.

4 로마에 가면 로마법을 따라야 한다.

When in Rome,   as the Romans.

5 빈 수레가 요란하다.

A barking dog   bites.

6 좋은 약은 입에 쓰다.

A good medicine tastes   .

7 불에 덴 아이는 불을 무서워한다.

A burnt child   the fire.

8 낮말은 새가 듣고 밤 말은 쥐가 듣는다.

Walls have   .

9 다다익선

The   , the   .

10 서툰 목수가 연장을 탓한다.

A bad workman   his tools.

step 3. Write the sentence in English.

1 남의 떡이 더 커 보인다.

    _____ .

2 한 가지 사업에 모든 걸 걸지 말라.

    _____ .

3 겉만 보고 판단하지 말라.

    _____ .

4 로마에 가면 로마법을 따라야 한다.

    _____ .

5 빈 수레가 요란하다.

    _____ .

6 좋은 약은 입에 쓰다.

    _____ .

7 불에 덴 아이는 불을 무서워한다.

    _____ .

8 낮말은 새가 듣고 밤말은 쥐가 듣는다.

    _____ .

9 다다익선

    _____ .

G

10 서툰 목수가 연장을 탓한다.

    _____ .

영어 속담 2강

step 1. Write the meaning in Korean.

1 A drowning man will catch at a straw.

    .

2 Beggars can't be choosers.

    .

3 Blood is thicker than water.

    .

4 Even Homer sometimes nods.

    .

5 Every cloud has a silver lining.

    .

6 Haste makes waste.

    .

7 Every dog has its day.

    .

8 A bird in the hand is worth two in the bush.

    .

9 A stitch in time saves nine.

    .

10 After death, to call the doctor.

    .

G

step 2. Fill in the blanks.

1 물에 빠진 사람은 지푸라기라도 잡는다.
A   man will catch at a straw.

2 찬밥, 더운밥 가릴 때가 아니다.
Beggars can't be   .

3 피는 물보다 진하다.
Blood is   than water.

4 원숭이도 나무에서 떨어진다.
             Homer sometimes nods.

5 하늘이 무너져도 솟아날 구멍은 있다.
Every cloud has a   lining.

6 서두르면 일을 그르친다.
             makes waste.

7 쥐구멍에도 볕 들 날이 있다.
Every dog has   .

8 수중에 있는 것이 가치가 있다.
A bird in the hand is   two in the bush.

9 호미로 막을 것을 가래로 막는다.
A stitch   saves nine.

10 소 잃고 외양간 고치기.
After death, to call the   .

G

step 3. Write the sentence in English.

1 물에 빠진 사람은 지푸라기라도 잡는다.

                                         .

2 찬밥, 더운밥 가릴 때가 아니다.

                                         .

3 피는 물보다 진하다.

                                         .

4 원숭이도 나무에서 떨어진다.

                                         .

5 하늘이 무너져도 솟아날 구멍은 있다.

                                         .

6 서두르면 일을 그르친다.

                                         .

7 쥐구멍에도 볕 들 날이 있다.

                                         .

8 수중에 있는 것이 가치가 있다.

                                         .

9 호미로 막을 것을 가래로 막는다.

                                         .

10 소 잃고 외양간 고치기

                                         .

G

영어 속담 3강

step 1. Write the meaning in Korean.

1   All is well that ends well.

                                                                             .

2   All that glitters is not gold.

 .

3   Action speaks louder than words.

 .

4   After a storm comes a calm.

 .

5   As you sow, so you reap.

 .

6   Love, smoke and cough can't hide.

 .

7   An empty sack cannot stand upright.

 .

8   A friend in need is a friend indeed.

 .

9   A rolling stone gathers no moss.

 .

10 Bad news travels fast.

 .

step 2. Fill in the blanks.

1 끝이 좋으면 매사가 좋다.

All is   that ends   .

2 반짝이는 모든 것이 다 금은 아니다.

            glitters is not gold.

3 말보다 행동이 더 낫다.

Action speaks   than words.

4 폭풍 뒤에 고요하다.

After a storm comes a   .

5 뿌린 대로 거둔다.

As you   , so you   .

6 사랑, 연기, 기침은 숨길 수 없다.

Love, smoke and cough   .

7 배가 고프면 아무것도 할 수 없다.

An empty sack   upright.

8 필요할 때 친구가 진짜 친구다.

A friend   is a friend   .

9 구르는 돌은 이끼가 끼지 않는다.

A rolling stone gathers   .

10 나쁜 소식은 빨리 퍼진다.

Bad news travels   .

G

step 3. Write the sentence in English.

1 끝이 좋으면 매사가 좋다.

        .

2 반짝이는 모든 것이 다 금은 아니다.

        .

3 말보다 행동이 더 낫다.

        .

4 폭풍 뒤에 고요하다.

        .

5 뿌린 대로 거둔다.

        .

6 사랑, 연기, 기침은 숨길 수 없다.

        .

7 배가 고프면 아무것도 할 수 없다.

        .

8 필요할 때 친구가 진짜 친구다.

        .

9 구르는 돌은 이끼가 끼지 않는다.(한 우물을 파라)

        .

10 나쁜 소식은 빨리 퍼진다.

        .

영어 속담 4강

step 1. Write the meaning in Korean.

1 Beauty is but skin-deep.

2 Better late than never.

3 Birds of a feather flock together.

4 Call a spade a spade.

5 Care killed a cat.

6 Come empty, return empty.

7 Don't count your chickens before they're hatched.

8 Don't cry before you are hurt.

9 Don't cry over spilt milk.

10 Do not put new wine into old bottles.

step 2. Fill in the blanks.

1 아름다움은 겉모습에 있는 것이 아니다.

is but skin-deep.

2 안 하는 것보다 늦었지만 하는 게 낫다.

late than never.

3 유유상종

Birds of a feather flock   .

4 사실을 사실대로 말하다.

Call a   a   .

5 근심이 고양이도 죽인다.

killed a cat.

6 공수래 공수거.

Come   , return   .

7 김칫국부터 마시지 말라.

Don't count your   before they're hatched.

8 지레 겁먹지 마라.

Don't   before you are hurt.

9 이미 지나간 일에 신경 쓰지 마라.

Don't cry   spilt milk.

10 새 술은 새 부대에.

Do not put   into old bottles.

step 3. Write the sentence in English.

1 아름다움은 겉모습에 있는 것이 아니다.

                                                    .

2 안 하는 것보다 늦었지만 하는 게 낫다.

                                                    .

3 유유상종

                                                    .

4 사실을 사실대로 말하다.

                                                    .

5 근심이 고양이도 죽인다.

                                                    .

6 공수레 공수거.

                                                    .

7 김칫국부터 마시지 말라.

                                                    .

8 지레 겁먹지 마라.

                                                    .

9 이미 지나간 일에 신경 쓰지 마라.

                                                    .

G

10 새 술은 새 부대에.

                                                    .

영어 속담 5강

step 1. Write the meaning in Korean.

1 Easy come, easy go.

2 Forgive and forget.

3 Health is better than wealth.

4 Heaven helps those who help themselves.

5 Hunger is the best sauce.

6 Friend to all is a friend to none.

7 You can't teach an old dog new tricks.

8 Too many cooks spoil the broth.

9 Like father, like son.

10 To teach a fish how to swim.

G

step 2. Fill in the blanks.

1 쉽게 온 것은 쉽게 간다.

Easy _____, easy _____.

2 용서하고 잊어라.

_____ and forget.

3 건강이 재산보다 낫다.

Health is _____ than wealth.

4 하늘은 스스로 돕는 자를 돕는다.

Heaven helps _____ help themselves.

5 시장이 반찬이다.

_____ is the best sauce.

6 모든 사람의 친구는 누구의 친구도 아니다.

Friend to all is a friend to _____.

7 나이가 들면 새로운 것을 받아들이기가 쉽지 않다.

You can't _____ an old dog new tricks.

8 사공이 많으면 배가 산으로 올라간다.

Too many _____ spoil the broth.

9 부전자전.

Like _____, like _____.

10 공자 앞에서 문자 쓴다.

To teach a fish _____.

step 3. Write the sentence in English.

1 쉽게 온 것은 쉽게 간다.

                                                                  .

2 용서하고 잊어라.

                                                                   .

3 건강이 재산보다 낫다.

                                                                   .

4 하늘은 스스로 돕는 자를 돕는다.

                                                                   .

5 시장이 반찬이다.

                                                                   .

6 모든 사람의 친구는 누구의 친구도 아니다.

                                                                   .

7 나이가 들면 새로운 것을 받아들이기가 쉽지 않다.

                                                                   .

8 사공이 많으면 배가 산으로 올라간다.

                                                                   .

9 부전자전.

                                                                   .

G

10 공자 앞에서 문자 쓴다.

                                                                   .

영어 속담 6강

step 1. Write the meaning in Korean.

1 Even a worm will turn.

                                                 .

2 A sound mind in a sound body.

     .

3 Slow and steady wins the race.

     .

4 Fine clothes make the man.

     .

5 Where there is a will, there is a way.

     .

6 A loaf of bread is better than the song of many birds.

     .

7 Love me, love my dog.

     .

8 Go home and kick the dog.

     .

9 Practice makes perfect.

     .

10 A journey of a thousand miles begins with a single step.

     .

step 2. Fill in the blanks.

1 지렁이도 밟으면 꿈틀거린다.
Even a worm   .

2 건강한 신체에 건강한 정신이 깃든다.
A   mind in a   body.

3 천천히 그리고 꾸준히 하면 이긴다.
Slow and steady   the race.

4 옷이 날개다.
Fine clothes make   .

5 뜻이 있는 곳에 길이 있다.
Where there is a   , there is a way.

6 금강산도 식후경
                          is better than the song of many birds.

7 아내가 예쁘면 처갓집 말뚝보고 절한다.
                          me,   my dog.

8 종로에서 뺨 맞고 한강 가서 눈 흘긴다.
Go home and   the dog.

9 연습하면 완벽해진다.
                          makes perfect.

10 천리 길도 한 걸음부터.
A journey of a thousand miles begins with   .

G

step 3. Write the sentence in English.

1 지렁이도 밟으면 꿈틀거린다.

                                                                                      .

2 건강한 신체에 건강한 정신이 깃든다.

 .

3 천천히 그리고 꾸준히 하면 이긴다.

 .

4 옷이 날개다.

 .

5 뜻이 있는 곳에 길이 있다.

 .

6 금강산도 식후경.

 .

7 아내가 예쁘면 처갓집 말뚝보고 절한다.

 .

8 종로에서 뺨 맞고 한강 가서 눈 흘긴다.

 .

9 연습하면 완벽해진다.

 .

10 천리 길도 한 걸음부터.

 .

PRE TOEIC H

토익은 영어를 모국어로 사용하지 않는 사람들을 대상으로 일상생활과 비즈니스 현장에서 필요한 영어 능력을 측정하는 실용 영어 평가시험이다.

1. 토익 시험일정 및 접수

• 인터넷 https://exam.toeic.co.kr에서 접수
• 매월 2회 토요일 또는 일요일(오전 9시 20분, 오후 14시 20분에 실시)
• 정규 접수비 48,000원, 특별 추가 접수비 52,800원

2. 출제기준

• 어휘, 문법, 관용어 중에서 미국 영어에만 쓰이는 특정한 것은 피한다.
• 특정 문화에만 해당되거나 일부 문화권의 응시자에게 생소할 수 있는 상황은 피한다.
• 여러 나라 사람의 이름이 고르게 등장한다.
• 특정 직업 분야에 해당되는 사항은 피한다.
• 다양한 문화를 나타내도록 하며, 성에 대한 편견이 없도록 유의한다.
• 듣기평가에서는 다양한 국가(미국, 영국, 캐나다, 호주, 뉴질랜드)의 발음 및 엑센트가 출제된다.

구 분	상 세
전문적인 비즈니스	비즈니스, 계획, 회의, 계약, 협상, 세일즈
제조	공장, 관리, 조립라인, 품질관리
금융과 예산	은행, 투자, 세금, 회계, 청구
개발	연구, 제품 개발
사무실	임원회의, 위원회의, 편지, 메모, 전화, 팩스, E-mail, 사무장비와 가구

H

인사	구인, 채용, 퇴직, 급여, 승진, 자기소개, 취업지원
주택, 기업, 부동산	전기와 가스, 서비스, 구입과 임대, 설계, 건축
여행	유람선, 티켓, 일정, 공항과 역 안내, 자동차 랜트, 버스, 배, 기차, 비행기 등

3. 토익 시험 준비물

- 연필(컴퓨터용 사인펜 아님)
- 지우개
- 신분증
- 기타 필수 준비물

4. 문항 및 시험 시간 구성

구성	파트	파트별 내용		문항수	시간	배점
Listening Comprehension	1	사진 묘사		6	45	495
	2	질의응답		25		
	3	짧은 대화		39	100	
	4	설명문		30		
Reading Comprehension	5	단문 공란 메우기 (문법, 어휘)		30	75	495
	6	장문 공란 메우기		16		
	7	독해	단문	29	100	
	8		장문	25		
Total		7파트		200문항	120분	990점

5. ○○대학교의 외국어 능력 우수 장학금 지급 사례

종류 \ 구분		성 적		지급액	비고
		전공자	비전공자		
영어	TOEFL(IBT)	90 이상	80 이상	80만 원	120점 만점
	TEPS	720 이상	700 이상	80만 원	990점 만점
	NEW TEPS	399 이상	386 이상	80만 원	600점 만점
	TOEIC	830 이상	800 이상	80만 원	990점 만점
	TOEIC Speaking	150 이상	140 이상	80만 원	200점 만점
	OPIc	IM3 이상	IM2 이상	80만 원	AL

6. 토익을 잘하기 위한 꿀팁

• 5형식과 8품사(7품사)를 철저하고 철저히 학습해 둘 것!

• 문제부터 읽지 않는다(보기부터 읽기).

• 정답을 찾지 않는다(소거법으로 풀기).

• 해석은 가장 마지막 수단으로.

• 스토리텔링으로 외워라.

　예) 명동에 사는 대형부가 인터넷에 접속하다가 (감)전된 사건!

　　　명사의 종류 고추집보물

　　　형용사의 비교급 강조: 이씨팔로마(even, still, far, a lot, much)

H

7. 토익 문제풀이를 위한 실전 꿀팁

(1) 문장의 5형식

동사	자동사	1형식	완전자동사	S+V	수동태 불가능
		2형식	불완전자동사	S+V+S.C	
	타동사	3형식	완전타동사	S+V+O	수동태 가능
		4형식	수여동사	S+V+I.O+D.O	
		5형식	불완전 타동사	S+V+O+O.C	

(2) 명사를 위한 꿀팁: 주어, 목적어, 보어

명사를 만드는 접미사	
~sion, ~tion	decision(결정), information(정보)
~ness	happiness(행복)
~ment	appointment(임명)
~ency	efficiency(효율성)
~nce	importance(중요성)
~y	delivery(배달)
~ty	variety(다양성)

예 1. Mr. Park's _____ for security policies will be reviewed by director.

(A) recommend (B) recommending

(C) recommendable (D) recommendation

2. A recent study has indicated that _____ are more effective when emphasizing merit.

(A) promotions (B) promotion

(C) promotional (D) promotes

H

(3) 동사를 위한 꿀팁: S 다음

동사를 만드는 접미사	
~fy	classify(분류하다), notify(공지하다)
~ize, ~ise	organize(구성하다), memorize(기억하다)
~en, en~	broaden(넓히다), enable(가능하게 하다)

동사 자리에 절대 올 수 없는 것
to 부정사
동명사
분사

예 1. Mr. Park _____ sports stories for many newspapers last year.

(A) writes   (B) writing

(C) wrote   (D) written

2. Please _____ the survey before you register for our language class.

(A) complete   (B) completes

(C) completing   (D) completion

(4) 형용사를 위한 꿀팁(관부형명)

형용사를 만드는 접미사	
~ful	useful(유용한)
~ble	able(할 수 있는)
~ive	expensive(비싼)
~ant, ~ent	important(중요한)
~ous	delicious(맛있는)
~ic	economic(경제의)
~al	additional(추가의)

H

例 1. The experts expect that we'll face a _____ variety of issues during the talks.

(A) wide   (B) widely

(C) widen   (D) width

2. Our representatives will be _____ everyday from 9:00A.M. to 9:00 A.M.

(A) avail   (B) available

(C) availability   (D) availably

(5) 부사를 위한 꿀팁

부사를 만드는 접미사	
~ly	quickly(빠르게)
~ly로 끝나지 않는 부사	very(매우), so(그렇게, 너무나)
*~ly로 끝나는 형용사	friendly(다정한), timely(제때의)

例 1. Mr. Belt is well known as a movie critic and _____ writes columns in some magazines.

(A) regular   (B) regularly

(C) regularity   (D) regulator

2. The training session is _____ important if you are a novice worker.

(A) particular   (B) particularly

(C) particulate   (D) particulatement

(6) 접속사, 전치사를 위한 꿀팁

의미	접속사	전치사
~하는 동안	while	during, for
~때문에	because, as, since	because of, due to
~에도 불구하고	although, though, even though, even if	despite
~가 아니라면	unless	without
~까지	until	until, by
~이전에	before	before, prior to

예 1. You never use the telephone, _____ you are driving.

(A) during   (B) while

(C) for   (D) in

2. Mr. Taylor's book has become a best seller _____ it is too difficult to understand.

(A) despite   (B) although

(C) along   (D) within

MEMO.

"산은 오르라 있고,

고난은 극복하라고 있고,

꿈은 이루라 있고,

영어는 한번 공부해 보라고 있다!!!"

- 저자 오영주